中国劳动和社会保障科学研究院资助

工资收入分配
与社会保险筹资

WAGE & SALARY INCOME DISTRIBUTION
AND SOCIAL INSURANCE CONTRIBUTION

谭中和 著

社会科学文献出版社
SOCIAL SCIENCES ACADEMIC PRESS (CHINA)

序　言

党的十八大以来，以习近平为核心的党中央坚持以人民为中心的发展思想，始终把使人民群众得到更满意的收入、获得更可靠的社会保障作为全面深化改革的动力和目标，不断增强人民群众福祉和获得感，满足群众过上美好生活的需求。工资收入分配和社会保障是与群众利益最直接相关的民生事业。

从理论上看，社会保障是收入分配的重要内容，是最重要、最有效的调节收入分配、实现收入分配公平的手段。收入分配政策也直接影响社会保障的公平性和可持续性。从实践上看，我国经济正处于由快速增长向更高质量发展的阶段，收入分配和社会保障等事关民生的社会事业改革已取得巨大成就。随着收入分配和社会保障改革的深化，其内在的关联性和相互的影响也不断加深。我国的社会保险实行的是与收入关联的模式，特别是职工基本养老保险和职工基本医疗保险，其筹资直接与单位的工资水平和职工个人的工资性收入紧密关联，待遇水平的计算也与当时当地（统筹地区）的工资水平，以及个人历年的缴费水平关联。因此，从宏观上看，企业用于支付劳动者劳动的报酬水平，直接影响社会保险的筹资水平，整体影响社会保险待遇水平和社会保险基金的积累，甚而关系社会保险制度的长期可持续。从微观层面看，个人的工资性收入关系职工个人的缴费水平，进而影响待遇水平。社会保险的顶层设计应当从工资收入分配入手，站在工资收入分配的高度，从工资收入分配的深层次矛盾和问题入手，如此才能找准影响社会保险稳定可持续的筹资机制，以及待遇确定和调整的症结，确保更加公平可持续的社会保障制度目标的实现。

当前，我国工资收入分配中还存在一些突出问题。一方面，劳动报酬在收入中的占比总体不高且呈现下降趋势，居民收入在国民收入中的占比总体不高且也呈下降趋势，这种状况一方面直接导致不同行业、不同性质的单位和企业，以及不同地区之间的收入差距过大，另一方面导致在劳动、资本、技术和管理等要素参与收入分配的格局中，资本收入占比较大且快速上升，劳动者报酬占比较小且增长缓慢。[①] 这种状况下，由于社会保险的缴费仅仅盯着单位和职工的工资水平，因而在整体收入中用于缴纳社会保险费的基数就不高，社会保险基金的积累就会相对少，各项社会保险的待遇水平必然不高。这不仅会导致社会保险基金难以实现短期的自求平衡和长期可持续，而且加重了财政社会保障的负担。另一方面，不同群体、行业和地区之间的工资收入差距过大，不仅引发收入分配差距过大的矛盾，影响群众的获得感和幸福感，而且会直接传导至社会保险的待遇水平，造成政府在本应以公平为主的社会保险制度上"左右为难"（既要为了积累更多的社会保险基金，强化多缴多得的社会保险费征缴的激励效应，又要防止脱离社会保险强调公平互济的本能）。

我国目前收入分配中的另一个突出问题是不同行业、不同人群，以及城乡之间的收入差距过大，这些差距主要源自初次收入分配，但作为收入再分配手段的社会保障，并没有发挥调节收入分配的功能。尽管我国已经建立了覆盖城乡居民的社会保障体系，但遗憾的是，我国的社会保障在调节收入分配方面作用尚不明显，甚至在社会保障的制度设计方面，职工养老保险制度从一开始强调的是配合国企改革，从企业减负和保障退休人员的基本生活出发，强调"多缴多得"的激

[①] 蔡昉、张车伟等：《中国收入分配问题研究》，中国社会科学出版社，2016。

励机制。城乡居民的养老保险也是立足于保障老年居民的基本生活，没有起到调节收入分配的作用，在职工基本养老保险和基本医疗保险的缴费方面还存在"逆向调节"问题[①]，也就是说，收入较低的人群负担了较高的社会保险缴费，但待遇水平相对较低。从微观层面看，我国社会保险对收入分配的调节主要是在缴费和待遇环节。如何发挥我国社会保障在调节收入分配中的作用，是收入分配和社会保障领域的重大问题，也是政府、社会和公众关注的热点难点问题。

从社会经济发展规律看，工资收入分配和社会保障具有鲜明的时代发展特征。新中国成立后到改革开放之前，为体现社会主义制度的优越性，尽管在收入分配中提出"按劳分配"原则，但实际实施中更多实行的是"平均主义""大锅饭"，在社会保障上实行的是国家或单位保障的办法。这种制度安排满足了计划经济发展的需要。改革开放初期，为解放和发展生产力，重新恢复了按劳分配原则，打破平均主义。为适应发展社会主义商品经济和以公有制为主体多种经济成分并存的基本经济制度的要求，提出了以按劳分配为主体、多种分配方式并存的收入分配原则，改革完善企业工资制度，扩大企业自主经营和收入分配权，在企业内部适当拉开收入差距，鼓励部分人通过劳动致富，调整机关事业单位工资制度，同时探索改革社会统筹的退休养老等社会保险办法。随着我国从计划经济体制向社会主义市场经济体制的转变，逐步确立了劳动、资本、技术和管理等要素按贡献参与收入分配的原则，在企业建立"市场机制决定、企业自主分配、政府监督调控"的工资决定和调控机制，实行了"效率优先、兼顾公平"的分配政策。针对部分行业和人群收入过高、收入差距过大的问题，实施了初次分配和再分配都要兼顾公平，保护合法收入、取缔和打击

[①]　蔡昉、张车伟等：《中国收入分配问题研究》，中国社会科学出版社，2016。

非法收入的政策。在社会保障改革上，实行了由退休养老向社会养老保险转变，由国家或单位负担向国家、单位和个人共同负担转变，单位和个人根据工资性收入缴纳社会保险费等的社会保险制度。应该说，自1986年我国探索试点企业职工基本养老保险社会统筹到90年代初全面建立基本养老保险制度，职工基本养老保险的单位和个人缴费费率、费基（缴费基数）历经多次反复，但按照工资水平进行核定缴费和待遇计发贯穿始终。到2012年底，我国实现了基本养老保险和基本医疗保险的城乡居民全覆盖。

随着社会保险制度全覆盖的实现，社会保险制度运行中面临新的矛盾和困惑：随着人口老龄化加剧，社会保险基金不足和群众要求不断提高待遇水平的矛盾日益突出，较高的待遇要求必须以较高的筹资水平作支撑，这是社会保险模式的基本法则，否则制度将面临不可持续的问题；2008年以后的金融危机以及供给侧结构性改革，使部分企业经营困难，导致部分中小企业和低收入职工，以及一些媒体认为社会保险费高；随着职工和居民收入已由工资性收入为主，向工资性收入、经营性收入、转移性收入以及财产性收入等收入来源的多样化转变，仅仅按照工资核定社会保险费已经不适应新的生产方式和收入分配形式，等等。这些问题，需要从收入分配的整体视角研究我国社会保险的缴费水平和待遇问题。

本书是在2016年人力资源和社会保障部科技办课题"基于收入分配视角的社会保险缴费水平研究"①、2015年人力资源和社会保障部养老保险司委托课题"养老保障待遇水平问题研究"和2016年人力资源和社会保障部养老保险司委托课题"职工基本养老保险缴费基数问题研究"，以及2016年国家发改委就业和收入分配司委托课题

---

① 本课题（项目编号：LKY - 2016 - 15）在2016年中国劳动和社会保障科学研究院基本科研业务费项目科研成果评审中获评优秀课题。

"健全完善我国职工基本医疗保险筹资机制研究"等的成果基础上整理而成，是笔者近几年带领研究团队围绕收入分配、社会保险缴费基数和待遇水平问题开展研究的成果结晶。有些内容已经公开发表，研究中的一些政策建议得到有关部门的肯定，并支持了有关决策和改革。值本书完稿之际，特别感谢中国劳动和社会保障科学研究院狄煌研究员、孙玉梅副研究员、贾东岚助理研究员、赵巍巍助理研究员、张兴和许英杰博士对上述课题研究和本书的贡献，并对为上述研究提供指导和帮助的各位领导、专家及同事表示感谢！

目　录

第一章
引言

第一节　我国收入分配制度及其演变

收入分配制度是一个国家或经济体的核心制度之一，也是判断一个经济体或社会性质的主要标准之一。在以按劳分配为主体的分配制度下，工资是职工和家庭赖以生存的主要经济来源，也是社会发展生产和提高劳动生产率的重要杠杆和工具。诸多的社会经济政策都与工资制度密切关联。如在计划经济时期的退休养老制度，职工退休后的离退休费水平，是依据在职时工资的水平确定，以后的退休费用调整也与在职时的工资水平紧密挂钩。现在我们实行的社会保险制度，更是与地区社会平均工资水平、企业工资总额和个人的工资密切关联。因此，工资不仅具有很强的政策性和社会性，也具有极其广泛的群众性。社会保障政策等都与工资制度密切关联。按照马克思的观点，生产关系决定分配关系，分配关系决定工资制度。自新中国成立后我国的工资收入分配和社会保障制度的改革发展大致可以划分为以下几个阶段。

一　分配上的平均主义："大锅饭"和劳动保险阶段

为适应计划经济的要求，从 1951 年开始，我国实行按劳分配制度。在企业，逐步建立了企业工人工资等级制度，工人实行八级工资制。八级工资制以技术等级标准为基础，按照技术等级标准采取考工定级或者用考评结合的办法确定工人的工资等级。在机关，则实行职务等级工资制，一职数级、上下交叉的制度，即按照职务规定若干个工资标准，不同职务的工资标准之间，不像等级工资制那样有固定的比例关系。1956 年全国进行了工资改革，取消了"工资分"和物价补贴，全部直接用货币规定工资，改进了企业工人的工资等级制度，在工资上体现出熟练劳动和不熟练劳动、繁重劳动和相对轻便劳动、特殊（如高温、高空、井下、远洋船舶等）劳动和工作条件较好劳动的差异，克服工资上的平均主义，同时在企业实行了企业职员和技术人员不同的工资制度，企业职员实行职务等级工资制，技术人员除了职务工资外，对技术水平较高的加发技术津贴。机关和事业单位人员仍然实行职务等级工资制度。"文化大革命"期间，按劳分配的基本原则被破坏。企业取消了计件奖励，曾一度实行平均主义、"大锅饭"，甚至有一段时间工资处于"冻结"状态。总体来看，这一阶段我国实行的是低工资高福利。这段时期，就业人员的工资收入水平很低，不同地区、不同行业之间的工资水平差别很小。

在社会保障方面，这一阶段在城镇对正规就业部门的员工采取了"国家包揽一切"的社会保障政策。城镇国有单位为职工提供生、老、病、残、死等全面的社会保障福利政策，达到退休年龄符合条件的人员可以按月领取退休费。机关和企业分别实行公费医疗和劳保医疗政策，机关工作人员和企业职工的绝大多数医疗费可以报销。大多数企业和机关都自办托儿所、幼儿园、职工子弟学校、职工医院等，几乎免费为职工及其家属提供服务。机关和企业还为职工提供住房补贴、冬季取暖补贴、夏天高温补贴、不在同城的探亲休假和补贴、交通补贴，以及各种文化娱乐设施等。政府还以"低物价、暗补贴、配给制"的方式，保证每个城市家庭获得一定的生活必需品。但这些福利政策主要是为城镇正规就业的群体提供，未就业人群或者非正规就业人群不能享受这些福利待遇。农村地区农民的养老主要是靠土地保障和家庭养老，农村"五保户"的基本生活保障由农村集体负责。总之，在我国当时生产力水平相对不高、城乡分离的社会经济背景下，这种社会保障制度对社会经济的稳定和发展发挥了重要作用。

总结这段时期我国的工资收入分配和社会保障政策，可以看出，在新中国成立不久，由于私营经济的存在，我国劳动保障政策的基本出发点是保护劳动者，改变劳动者在生产中所处的不利地位。主要有四个特点。一是从法律上保障职工的政治权利和经济权利，废除一切不合理的压迫工人的制度，建立新的民主管理制度，吸收职工参加企业管理。二是提高工资标准，逐步改善职工的生活水平，改进劳动条件，对职工在年老疾病或丧失劳动能力的情况下给予物质帮助。三是对失业职工进行救济，保障失业者的基本生活。四是调整劳资关系，对旧中国传承下来的私营企业进行利用、限制和改造。这一时期颁布了一系列重要的劳动法律、法规，包括处理劳资关系、救济失业工人、开展职工业余教育等内容，逐步建立起具有社会主义计划经济特征的工资和劳动保险制度。工资制度方面，对不合理的工资制度和工资关系进行了适当的调整和改进，形成了全国统一的八级工资制度，加强企业中的劳动者保护，并使之走向制度化。

二 重新确立按劳分配原则及社会保险制度探索阶段

改革开放以后，在解放思想、拨乱反正的指导思想指引下，随着社会主义市场经济体制的建立，劳动工资分配和社会保险工作也进入改革发展新阶段。一是在思想理论上重新确立了按劳分配原则，明确按劳分配是客观经济规律，是社会主义的分配原则，计件工资和奖金制度都是按劳分配原则劳动报酬的体现形式。在企业，随着社会主义市场经济体制改革的深入，扩大企业生产经营自主权，推行企业工资总额同经济效益挂钩，解决企业吃国家"大锅饭"、职工吃企业"大锅饭"问题，逐步实行企业自主分配、政府宏观指导的工资收入分配办法。改革机关事业单位工资分配制度，将职务等级工资制改为以职务工资为主的结构工资制。实行一次性的年终奖制度，对专业技术人员实行专业技术职务聘任制，并相应兑现工资。同时，统一企业和机关事业单位的工资区类别制度。二是提出工资收入分配应"使企业职工的工资和奖金同企业经济效益的提高更好地挂起钩来。在企业内部，逐步实行了扩大工资差距，拉开档次，体现奖勤罚懒、奖优罚劣，充分体现多劳多得、少劳少得，脑力劳动和体力劳动、复杂劳动和简单劳动、熟练劳动和非熟练劳动、繁重劳动和非繁重劳动之间的差别"①。按照党的十三大的要求，实行"以按劳分配为主体，其他分配方式为补充"的制度，"除了按劳分配这种主要方式和个体劳动所得以外，企业发行债券筹集资金，就会出现凭债权取得利息；随着股份经济的产生，就会出现股份分红；企业经营者的收入中，包含部分风险补偿；私营企业雇用一定数量劳动力，会给企业主带来部分非劳动收入。以上这些收入，只要是合法的，就应当允许。"②

在社会保障方面，为了适应计划经济体制向市场经济体制转轨的要求，开始在城镇企业职工中进行社会保险制度改革。从1984年开始，在部分地区探索实行企业职工基本养老保险社会统筹，初步建立了适应社会主义市场经济体制要求的基本养老保险、失业保险、基本医疗保险、工伤保险和生育保险制度和政策体系框架。主要进展体现在四个方面，一是实现了企业保险向社会保险的转变。逐步建立起退休费用社会统筹制度，通过社会互济分散养老风险，解决了企业之间

---

① 见中国共产党第十三次全国代表大会报告《沿着有中国特色的社会主义道路前进》。
② 见中国共产党第十三次全国代表大会报告《沿着有中国特色的社会主义道路前进》。

养老负担畸轻畸重问题。二是实现了企业单一责任向国家、企业、个人三方共担责任的转变。企业按工资总额的 20% 缴纳基本养老保险费，按工资总额的 6% 左右缴纳基本医疗保险费。职工个人按本人工资的 8% 缴纳基本养老保险费，按本人工资的 2% 左右缴纳基本医疗保险费。三是确保企业离退休人员基本养老金按时足额发放。1998 年以来，职工基本养老保险通过将"差额缴拨"改为全额支付，并将基本养老金由企业自行发放改由银行、邮局等社会服务机构发放，确保了数千万企业离退休人员基本养老金按时足额发放。四是改革基本养老金计发办法。《劳动保险条例》规定的退休金是按退休前工资的 60% ~90% 计算，经过反复试点完善，2005 年《国务院关于完善企业职工基本养老保险制度的决定》（国发〔2005〕38 号）统一改为基础养老金和个人账户养老金两部分，既体现了社会公平，又强化了养老金待遇与缴费年限、缴费基数挂钩的激励约束机制，体现了权利与义务对等的原则，并每年调整提高养老金水平。

三　多种要素参与分配和社会保险制度完善阶段

20 世纪 90 年代以后，我国工资收入分配制度进入全面改革时期。1993 年党的十四届三中全会通过了《中共中央关于建立社会主义市场经济体制若干问题的决定》，提出要坚持以按劳分配为主体、多种分配方式并存的制度，体现效率优先、兼顾公平的原则。劳动者的个人劳动报酬要引入竞争机制，打破平均主义，多劳多得，合理拉开差距[①]。1997 年党的十五大报告进一步提出"把按劳分配和按生产要素分配结合起来，坚持效率优先、兼顾公平，有利于优化资源配置，促

---

① 见 1993 年中国共产党十四届三中全会通过的《中共中央关于建立社会主义市场经济体制若干问题的决定》。

进经济发展，保持社会稳定"①，明确提出了按要素分配的原则，这是我国收入分配制度的又一重大改革。2002 年党的十六大进一步提出"要确立劳动、资本、技术和管理等生产要素按贡献参与分配的原则，完善按劳分配为主体、多种分配方式并存的分配制度"，并且提出要"以共同富裕为目标，扩大中等收入者比重，提高低收入者收入水平"。② 2003 年，党的十六届三中全会也提出要"完善按劳分配为主体、多种分配方式并存的分配制度，坚持效率优先、兼顾公平，各种生产要素按贡献参与分配"③。党的十七大提出了深化收入分配制度改革的目标，认为合理的收入分配制度是社会公平的重要体现，提出要"健全劳动、资本、技术、管理等生产要素按贡献参与分配的制度，初次分配和再分配都要处理好效率和公平的关系，再分配更加注重公平"④，并且提出了一系列调节收入分配的措施。这一时期的收入分配制度改革，进一步突出了公平原则，从"效率优先、兼顾公平"发展到"更加注重公平"。党的十八大报告进一步提出"完善劳动、资本、技术、管理等要素按贡献参与分配的初次分配机制，加快建立以税收、社会保障、转移支付为主要手段的再分配调节机制"⑤。

在社会保障方面，在稳定扩大城镇职工基本养老保险覆盖面的基础上，逐步将个体私营经济就业人员、灵活就业人员、在华就业的外国人等纳入职工社会保险体系。同时，经过试点探索，逐步建立了城镇居民基本养老保险制度和城镇居民基本医疗保险制度、新型农村养

---

① 见 1997 年中国共产党十五大报告《高举邓小平理论伟大旗帜，把建设有中国特色社会主义事业全面推向二十一世纪》。

② 见 2002 年中国共产党十六大报告《全面建设小康社会，开创中国特色社会主义事业新局面》。

③ 见 2003 年中国共产党十六届三中全会通过的《中共中央关于完善社会主义市场经济体制若干问题的决定》。

④ 见 2007 年中国共产党十七大报告《高举中国特色社会主义伟大旗帜，为夺取全面建设小康社会新胜利而奋斗》。

⑤ 见 2012 年中国共产党十八大报告《坚定不移沿着中国特色社会主义道路前进，为全面建成小康社会而奋斗》。

老保险制度和新型农村合作医疗制度。到 2012 年底，基本实现了社会保障制度的城乡居民全覆盖，并逐步将城镇居民基本养老保险和新农保统一为城乡居民基本养老保险，将城镇居民基本医疗保险和新农合统一为城乡居民基本医疗保险。

通过总结回顾我国在工资收入分配和社会保障方面的改革发展历程，可以看出，工资收入分配和社会保障都是我国从新中国成立后每个历史阶段政府所必须解决的社会经济发展的最基本、最主要的问题之一，也是推动社会经济改革发展的推动力。通过深入分析我国工资收入分配和社会保障改革历程，可以发现工资收入分配制度和社会保障制度之间相互影响、相互关联。

首先，工资性的收入是劳动者劳动力价值的体现，是我国劳动者保障其个人及其赡养家庭生活的主要经济来源，在计划经济时期可以说是城镇就业家庭的唯一生活来源。在我国社会经济发展的各个关键时刻，解决工资收入分配和城镇的就业问题成为改革的直接诱因和导火索。而社会保障在承担劳动者年老、失业、疾病、意外伤害等风险，保障劳动者权益等方面发挥了重要作用，是社会秩序安定的稳定器。解决工资收入分配和社会保障问题，一直是影响自新中国成立后党和政府社会经济改革发展决策的重要因素，也是自始至终贯穿于我国整个改革大潮的重要组成部分，可以说，党和政府解决城镇劳动者的工资收入和社会保障问题的政策，直接反映了我国社会经济发展的目标和价值取向。

改革开放之初，有六大社会问题①影响着中国的经济体制改革，在这六大问题中，四个方面的问题与工资和社会保障问题直接相关。首先，回城的知青要有饭吃，有饭吃的前提是要有收入。其次，要保障从企业退休的人员的基本生活并使其基本生活水平不降低，这些退

---

① 六大社会问题是指知青、劳动、工资、物资、物价和社会保险问题。

休人员要能按时领取到退休费并有正常的增长机制。因此，工资收入和社会保障问题涉及当时和之后社会经济改革的前沿和深层问题，许多社会经济问题都与它们有或多或少的联系。为了解决城镇未就业人员的吃饭问题，党中央于1980年8月初召开全国劳动就业工作会议①，提出要大力发展自负盈亏的集体所有制经济，适当发展不剥削他人的个体经济，发展服务业、建筑业和劳动密集型产业，主要的就业门路有：大力扶持兴办各种类型的自筹资金、自负盈亏的合作社和合作小组；有条件的全民所有制单位应支持待业青年办独立核算的合作社；在城镇郊区发展以知青为主的集体所有制场（厂）队或农工商联合企业；鼓励和扶持个体经济适当发展；某些行业或工种可以根据实际情况，改革用工制度和工时制度；改革中等教育制度，发展职业技术教育，广开学路，吸收待业青年参加各种职业技术学习；建立劳动服务公司，担负组织、教育、介绍就业等工作，并使其逐步成为调节劳动力的一种组织形式，起吞吐劳动力的作用。会议肯定了各地支持城镇集体所有制经济发展的做法，也指出各地工作中的缺点，强调集体经济的发展必须要独立核算、自负盈亏。这次会议，为后来的公有制为主体、多种经济成分并存奠定了理论和实践基础。一定的分配关系是由生产关系决定的，正是多种所有制并存，才在收入分配上由原来单一的按劳分配原则，发展为按劳分配为主体、多种分配方式并存原则。另外，这次会议也开始影响国民经济的协调发展，使生产关系与生产力相适应。主要思路是调整国民经济的产业结构和所有制结构，大力发展第三产业，纠正限制集体经济、打击和取缔个体经济的"左"的错误，实行社会主义公有制主导下的多种经济形式和多种经营方式长期并存的发展战略。改革"大锅饭"和"铁饭碗"，搞活劳

---

① 《1980年8月2日 中共中央在北京召开全国劳动就业工作会议》，人民网，http://cpc.people.com.cn/GB/64162/64165/68640/68642/4657201.html。

动用工方式，使企业有可能根据生产的需要增加或减少劳动力，劳动者也有可能把国家需要和个人专长、志向结合起来，选择工作岗位。"铁饭碗"式的用工制度不仅不利于调动企业和职工的积极性和主动性，而且"吸引"着许多人千方百计进入国营企业。这既增加了国营经济的负担和压力，又使集体经济和个体经济的发展遭遇困难。改革企业用工制度从 20 世纪 80 年代初就引起中央重视。1980 年中央转发劳动就业会议文件，1981 年中共中央、国务院关于劳动就业的决定都提出，要改革企业用工制度，"实行合同工、临时工、固定工等多种形式的用工制度，逐步做到人员能进能出"①。

其次，工资收入分配和社会保障的关联性主要体现在，社会保障筹资和待遇水平的确定和调整都是以工资性的收入作为依据。从社会保障筹资和待遇水平确定分析，目前世界上的社会保障模式可以大致分为三种类型。一是收入关联型，即社会保险型，权利与义务相对应、公平与效率相结合。这种权利和义务、公平与效率在很大程上体现在筹资渠道来源及其财务责任的分担上，待遇水平也与缴费水平（包括缴费金额和缴费年限）相关联。而大多数实行这种模式的国家，其缴费水平和待遇水平都和工资水平挂钩。二是全民福利型。三是个人或家庭储蓄型。我国实行的是社会保险型，因此，从工资收入分配政策研究社会保险的缴费和待遇水平问题，可以避免单纯就社会保险问题讨论社会保险政策，避免"头疼医头、脚疼医脚"的改革误导，对于改革完善工资收入分配政策以及社会保障制度，具有重要的理论和实践意义，因而也是伴随我国社会主义建设和改革开放需要解决的影响国家民生的重大理论和现实问题。

最后，从传统的经济学、社会学角度分析，工资属于初次分配，社

---

① 中华人民共和国司法部、国务院法制局编《中华人民共和国行政法规选编》，法律出版社，1991，第 1992 页。

会保险是二次分配。由于长期以来我国存在大量剩余劳动力，在初次分配环节，劳动报酬收入较低。大量的企业是以传统的劳动密集型产业为主，技术和管理创新参与分配不足，所以，收入分配更多地倾向于向更为稀缺的资本要素倾斜，这不仅导致收入分配差距过大，也使得以工资水平作为缴费依据的社会保险筹资水平偏低。初次分配形成的过大收入差距问题，在社会保障再分配环节未能得到很好的调整。

第二节　收入分配制度与社会保险缴费和待遇水平

收入分配和社会保险制度都是事关国家社会经济和职工及老百姓切身利益的重大问题。改革开放以来，我国已经建立了覆盖城乡居民的社会保障体系，社会保险的各项待遇水平稳步提高，但作为再分配的社会保险，对于缩小收入分配差距方面没有发挥应有的再分配作用，对收入分配的调节功能也未能充分实现。主要体现在，一是在缴费水平方面，低收入职工承担了较高的费用，社会保险不仅没有起到对收入分配的调节作用，还在一定程度上加剧了收入分配的差距。以职工基本医疗保险为例，面对过快上涨的医疗费用，各统筹地区为了保持基本医疗保险基金的收支平衡，除了动用往期基金结余外，在医保筹资方面不断提高费率和缴费基数。目前的单位费率和个人费率已经远远超过了国发〔1998〕44号①文件的水平。在较高的费率和缴费基数下，大部分中小微企业和职工，灵活就业人员等低收入、收入不稳定人群采取各种方式逃避、中断缴费，或由职工医保转入居民医保。根据统计②，2015年我国城镇各类从业人员4.04亿人，其中单

---

① 国务院于1998年发布《国务院关于建立城镇职工基本医疗保险制度的决定》（国发〔1998〕44号），规定："基本医疗保险费由用人单位和职工共同缴纳。用人单位缴费率应控制在职工工资总额的6%左右，职工缴费率一般为本人工资收入的2%。"

② 见人力资源和社会保障部社会保险事业管理中心《中国社会保险发展年度报告2016》。

位从业人员 1.81 亿人，城镇私营个体从业人员 1.89 亿人。按照政策规定，这些人员都应该参加城镇职工基本医疗保险，但 2015 年参加职工医保的人数总共只有 2.89 亿人，城镇就业人员参加职工医保率只有 71.5%。2015 年城镇私营个体就业人员只有 3272 万人参加了职工医保，参保率只有 17.3%。在综合参保率达到 95%^①的情况下，这部分本该参加职工医保的人员加入了缴费较低的城乡居民医保。笔者调研发现，一些用人单位甚至一些大型国有企业，根本不为一些农民工参保。如甘肃省的某大型国有企业在用工管理办法中明确规定，"优先招用已经参加了新农合或者城镇居民医保的人员"。这样一来，一方面，这些低收入的职工缴费负担重。另一方面，在待遇享受方面，有些职工本该享受职工的社会保险待遇，因其参加的是城乡居民社会保险，而只能享受较低的居民的社会保险待遇，这加剧了收入分配的不公平。二是从待遇水平看，职工基本养老保险的待遇计发办法更加强调个人的缴费水平和缴费年限，在效率与公平方面更加突出效率。长期以来备受社会诟病的机关事业单位养老保险制度，并没有因为从 2014 年 10 月 1 日起机关事业单位养老保险制度的实施而完善。机关事业单位和企业退休人员的基本养老保险待遇水平差距并未有所缩小，反而从 2014 年以来，相同参保年限和工龄的人员的养老保险待遇差距呈进一步扩大趋势。1990 年，机关和事业单位人均月养老金分别是企业的 1.07 倍和 1.10 倍，差距并不大。2000 年，差距分别拉大到企业的 1.54 倍和 1.57 倍。2010 年，差距分别扩大到企业的 2.25 倍和 1.89 倍。自 2005 年起，国家连续 13 年大幅度提高企业退休人员养老金水平，但从各地的实际情况看，机关事业单位退休人员的退休费或养老金调整一次的幅度就远远高于企业养老金调整数次的增长幅度，

---

① 见人力资源和社会保障部社会保险事业管理中心《中国社会保险发展年度报告 2016》。

因此，企业与机关事业单位养老金的差距不但没有缩小，反而有进一步拉大的趋势。然而，城乡居民养老保险连续 3 年未做调整。由于我国长期以来存在着劳动报酬在国民收入中占比较低的问题，以及目前的社会保险制度未能发挥再分配调节收入分配的功能，因此，必须在今后的改革中，按照党的十八大提出的共享经济的发展理念，从社会保险的缴费水平和待遇计算办法，以及城乡分割的社会保险制度入手，改革完善社会保险制度，使其充分发挥调节收入分配的功能。

收入分配制度是国家重要的社会经济制度，直接关系着人民群众的生活水平、财富水平和幸福，关系着国家劳动生产率的提高和社会经济的发展。社会保险作为二次收入分配的重要工具和手段，其缴费水平和待遇水平直接影响着企业、家庭和个人的负担和财富水平。从收入分配的视角研究社会保险的缴费水平和待遇水平，有助于从整个财富的分配和转移方面分析国家社会保险政策的合理性和科学性。特别是在我国，一方面，职工社会保险的缴费水平和待遇水平都和工资性收入紧密捆绑在一起，而随着社会经济的发展，工资性收入变成居民收入的一部分，因此，仅仅以工资性收入作为衡量社会保险缴费的水平和依据，势必会导致工薪阶层的社会保险负担较重；另一方面，待遇水平的计算（以职工基本养老保险为例）也是与工资性收入挂钩，"多缴多得"的待遇计算机制导致第二次分配产生新的不公平，使部分工资性低收入人群未来的社会保险待遇偏低，这也与社会保险公平公正的基本规则相背离。

第三节　我国工资收入分配与社会保险缴费的基本内涵

研究社会保险之所以讨论工资收入分配问题，是因为我国职工社会保险的缴费和待遇仅仅与工资相关联的制度模式。以职工基本养老保险为例，1997 年 7 月国务院下发的《国务院关于建立统一的企业职工基本养老保险制度的决定》（国发〔1997〕26 号）规定，企业缴费比例一般不得超过本企业工资总额的 20%，少数省、自治区、直辖市因离退休人数较多、养老保险负担过重，确需超过企业工资总额20% 的，应报原劳动部、财政部审批；个人缴费比例应不低于本人缴费工资的 4%，最终达到 8%。《中华人民共和国社会保险法》等有关法规政策也明确规定，参保单位缴纳基本养老保险费的基数均为国家规定的本单位职工工资总额。职工本人缴纳基本养老保险费的基数按照国家规定的本人工资确定，其中，职工月平均工资低于当地职工平均工资 60% 的，按 60% 计算缴费基数，超过当地职工平均工资 300%的部分不计入缴费基数。另外，个体工商户和灵活就业人员缴纳基本养老保险费的基数为当地上年度在岗职工平均工资。在实际执行中企业缴费基数一般为企业工资总额和个人缴费之和两种方式；多数省份允许个体工商户和灵活就业人员按照当地上年度在岗职工平均工资的60% ~ 300% 自选缴费基数。因此，要讨论职工社会保险的缴费水平问题，必须将我国关于工资的问题讨论清楚。

一 工资的概念

1. 国际劳工组织对于工资的定义

国际劳工组织《1949 年保护工资公约》中将工资定义为："'工资'一词系指不论名称或计算方式如何，由一位雇主对一位受雇者，为其已完成和将要完成的工作或已提供和将要提供的服务，可以货币结算并由共同协议或国家法律或条例予以确定而凭书面或口头雇佣合同支付的报酬或收入。"[1]

---

① 国际劳工组织：《国际劳工公约和建议书》（第一卷），国际劳工组织北京局，1994，第 131 页。

2. 我国工资概念的界定

在我国，目前对于工资内涵和外延的界定主要来自三个方面，一是基于统计部门的有关规定（简称统计口径）。根据国家统计局1990年发布的《关于工资总额组成的规定》（国家统计局令第1号），工资总额是指各单位在一定时期内直接支付给本单位全部职工的劳动报酬总额，并规定工资主要由计时工资、计件工资、奖金、津贴和补贴、加班加点工资和特殊情况下支付的工资六个部分组成。二是基于《中华人民共和国劳动法》及其他相关法律法规的规定（简称劳动法体系）。原劳动部《工资支付暂行规定》（劳部发〔1994〕489号）第三条规定："本规定所称工资是指用人单位依据劳动合同的规定，以各种形式支付给劳动者的工资报酬。"《关于贯彻执行〈中华人民共和国劳动法〉若干问题的意见》（劳部发〔1995〕309号）规定：劳动法中的"工资"是指用人单位依据国家有关规定或劳动合同的约定，以货币形式直接支付给本单位劳动者的劳动报酬，一般包括计时工资、计件工资、奖金、津贴和补贴、延长工作时间的工资报酬以及特殊情况下支付的工资等。"工资"是劳动者劳动收入的主要组成部分。三是基于国家相关税法及财务制度有关规定（简称税法体系）。《中华人民共和国企业所得税法实施条例》（国务院令第512号）第三十四条规定："前款所称工资、薪金，是指企业每一纳税年度支付给在本企业任职或者受雇的员工的所有现金形式或者非现金形式的劳动报酬，包括基本工资、奖金、津贴、补贴、年终加薪、加班工资，以及与员工任职或者受雇有关的其他支出。"2011年9月1日起施行的《国务院关于修改〈中华人民共和国个人所得税法实施条例〉的决定》（国务院令第600号）第八条第一款规定："工资、薪金所得，是指个人因任职或者受雇而取得的工资、薪金、奖金、年终加薪、劳动分红、津贴、补贴以及与任职或者受雇有关的其他所得。"

从我国政府机构对于工资的解释，可以看出上述三种工资的界定都强调了工资的劳动报酬属性、支付方式和支付者与被支付者的隶属关系，但在对工资组成的项目及对工资的支付方式的解释上存在差别。统计口径和劳动法体系两种界定除了后者将"加班加点工资"改为"延长工作时间的工资报酬"之外，两者对工资组成的界定差异不大。而税法体系的界定与前两种界定则有较大的区别，企业所得税法将工资的构成概括为基本工资、奖金、津贴、补贴、年终加薪、加班工资，以及与员工任职或者受雇有关的其他支出等七个组成部分，个人所得税法则将工资的构成概括为工资、薪金、奖金、年终加薪、劳动分红、津贴、补贴以及与任职或者受雇有关的其他所得等八个组成部分。特别是个人所得税法增加了"劳动分红"这一组成部分，这是我国企业收入分配制度改革不断深化的具体体现①。在对工资的支付方式方面，统计口径和税法体系界定工资可以货币或实物（非现金）形式支付，劳动法体系则强调工资应当以法定货币支付，不得以实物及有价证券替代货币支付。

二 关于社会保险所涉及的工资总额统计口径问题

我国上述三种工资概念是从不同的角度进行界定的，其中与宏观经济及人民生活联系最为紧密、使用最为广泛的是国家统计口径的工资数据，我国职工基本养老保险制度和职工基本医疗保险制度中的缴费工资基数都是以统计口径下公布的社会平均工资为基准。

我国最早的工资统计始于1950年3月，新中国成立不久，中央财经委员会对公营、公私合营及工业生产合作社的工矿企业进行了一次普查，通过这次普查初步掌握了当时全国工矿企业的职工人数和工资

---

① 刘军胜：《中国工资支付保障立法研究》，法律出版社，2014，第35页。

的情况。1952 年国家统计局成立后，为便于开展劳动工资统计工作，专门设置了劳动工资组。在计划经济时期，国家实行的是"统包统配"的就业政策和"总额控制"的工资分配制度，因此，20 世纪 50 年代建立的劳动工资统计制度，主要目的是了解城镇单位从业人员的人数及劳动报酬状况，反映就业、生产成本和经济运行情况，为 GDP 核算服务。随着我国由计划经济体制向社会主义市场经济体制的转变，国家在就业政策和工资分配政策方面都发生了重大的转变，政府关心的重点也由企业用了多少人、发了多少钱转变为如何促进多渠道就业和调节工资收入分配。特别是随着社会经济的不断发展，有关部门相继以平均工资为基础制定了一系列政策，如社会保险费的征收、基本养老金的计算和发放、最低工资标准的确定、医疗保险费用的支付等都与平均工资数据相关。平均工资数据成为这些制度和政策的主要依据，这也使得平均工资数据与广大人民群众的切身利益更加密切相关。

随着我国经济发展方式的转变，工资总额统计口径也在不断发生变化。现行工资总额的统计口径源自 1990 年国家统计局令第 1 号《关于工资总额组成的规定》，以及随后出台的相关文件及统计指标解释。从工资总额统计口径的变化中可以看出，随着就业形式和收入分配方式的多样化，工资总额包括的项目也在不断调整和扩大。如随着住房和公车制度改革的进行，住房补贴（或房改补贴）以及上下班交通补贴纳入津贴和补贴项中。又如随着社会保险制度的覆盖面由城镇国有集体企业职工不断扩大到各类企业职工，单位为职工建立的基本养老保险、基本医疗保险，以及企业年金、住房公积金等个人账户的基金，以及从职工个人工资中扣减的部分也纳入工资总额的统计口径。再如建立现代企业制度试行经营者年薪制后，规定试行经营者年薪制的企业经营者工资的正常发放部分和年终结算后补发部分属劳动报酬性质，也应纳入工资总额的统计口径。在规定工资总额具体项目的同时，国家统计局还对工资总额统计口径进行了一些界定，如"单位一次性发放或按月发放的旅游费、保险费、餐费、过节费、劳务费等单位以各种名义发放的现金和实物，只要属于劳动报酬性质并且现行统计制度未明确规定不统计为工资的都应作为工资统计""以工会的名义发放的现金和实物，除现行制度规定不应计入工资的劳保福利费和劳动保护费项目外，都应计入工资统计"等。

从我国工资的统计调查范围和调查方法看，最早的工资的统计范围是全民所有制单位和城镇集体所有制单位，后来随着经济的发展和所有制结构的调整，统计范围逐渐扩大，但依然没有涵盖全部从业人员。目前国家统计局发布的城镇在岗平均工资只是对国有单位、城镇集体单位、联营经济、股份制经济、外商投资经济、港澳台投资经济单位在岗职工工资水平的统计结果，但并不包括城乡私营企业、乡镇企业、个体工商户雇佣人员，以及农民工群体。2007年国家统计局经过对私营单位工资进行统计试点，于2009年开始发布城镇私营单位平均工资，但基于种种原因，到目前为止国家统计局没有发布过任何包含城镇私营单位和非私营单位的平均工资数据。平均工资是单位工资总额除以年内（季度内）平均职工人数得出的，因此平均工资与每个劳动者个人实际拿到的工资或工资单上的工资存在着较大的差别，因而存在社会上许多人认为"工资被增长"，进而认为社会保险缴费"虚高"等问题。

目前我国对于城镇非私营单位工资的统计采用全面调查的方法，调查范围为全部非私营法人单位，包括国务院各有关部门、企业集团（公司）直属全部单位、中国人民解放军总后勤部[①]军队系统所属全部单位。调查单位统一采取年报、季报联网直报方式，由单位人力资源劳动统计岗位网络填写工资统计报表，从单位到区县、市、省、国

---

① 2016年1月10日，中国人民解放军总后勤部名称改为：中国共产党中央军事委员会后勤保障部。资料来源：中国军网，http://www.81.cn/。

家层层上报。调查对象为在单位工作并取得工资或其他形式劳动报酬的人员,包括在岗职工、劳务派遣人员及其他从业人员[①]。调查对象不包括:(1)离开本单位仍保留劳动关系,并定期领取生活费的人员;(2)利用课余时间打工的学生及在本单位实习的各类在校学生;(3)本单位因劳务外包而使用的人员。调查的内容为在岗职工工资总额(包括基本工资、绩效工资、工资性津贴和补贴、其他收入四项),劳务派遣人员和其他从业人员的劳动报酬总额。

城镇私营单位工资统计采用抽样调查的方法[②],调查范围为城镇辖区内全部城镇私营法人单位,包括企业法人单位和私人投资的不以盈利为目的的非企业法人单位。调查对象为在城镇私营单位中工作并领取工资的全部从业人员,包括在本单位领取工资、奖金的私营企业雇主、聘用的离退休人员、离开本单位仍保留劳动关系的职工、港澳台和外籍人员以及户口在农村的人员。调查内容同城镇非私营单位的调查内容一致。

第四节　我国职工基本养老保险缴费基数的发展演变

我国职工基本养老保险缴费工资基数的形成和演变大体可以分为

[①] 其他从业人员指在本单位工作,不能归到在岗职工、劳务派遣人员中的人员。此类人员是实际参加本单位生产或工作并从本单位取得劳动报酬的人员。具体包括:非全日制人员、聘用的正式离退休人员、兼职人员和第二职业者,以及在本单位中工作的外籍和港澳台方人员等。其中非全日制人员是指以小时计酬为主,其在同一用人单位一般平均每日工作时间不超过四小时,每周工作时间累计不超过二十四小时,且劳动报酬结算支付周期最长不得超过十五日的人员。非全日制人员不包括不定时工作制人员,如老师、编辑等不坐班人员。

[②] 私营单位由于数量多、分布广,新增、倒闭、转产等变化频繁,有些管理不规范,统计基础薄弱,会计制度不健全,这些都给建立私营单位工资统计制度带来很大的困难。因此,私营单位的工资统计采用的是年度抽样调查方法。抽样方法:(1)对从业人员规模在100人及以上的单位要全面调查;(2)对从业人员规模在20~99人的单位要进行抽样调查,以省级为总体,分门别类进行抽样,抽样比为10%;(3)对从业人员规模在19人及以下的单位不进行直接调查,根据经济普查、典型调查和最低工资等数据推算。

起始与发展、深化与完善、规范与明确三个阶段。

一 起始与发展阶段（自20世纪80年代中期职工基本养老保险改革伊始至20世纪90年代中期）

这一时期的职工基本养老保险制度实施范围较小，主要覆盖国营企业劳动合同制单位和全民所有制单位，都属于公有制企业范围内，对于其他类型所有制单位并没有强制性要求。职工个人以标准工资为缴费基数，企业以缴费人员的工资总额或企业工资总额为缴费基数。个人缴费基数和缴费比例相对较低，养老保险实施的范围也较小，还不存在缴费基数上下限的概念。

我国真正意义上的社会养老保险制度改革始于20世纪80年代中期，当时正处于城市经济体制改革深入发展时期。为了消除劳动制度中"包得过多、统得过死、能进不能出"的弊端，增强企业活力，逐步建立起一套能够适应社会主义商品经济发展要求的新型劳动制度，1986年国务院发布了改革劳动制度四项规定（国发〔1986〕77号）文件，其中在《国营企业实行劳动合同制暂行规定》①中规定，国家对劳动合同制工人退休养老进行改革，由退休养老制度改为社会保险制度。退休养老基金由企业和劳动合同制工人共同缴纳，退休养老金不敷使用时，国家给予适当补助。企业按照劳动合同制工人工资总额的15%左右，劳动合同制工人按照不超过本人标准工资②的3%缴纳退休养老基金。1991年《国务院关于企业职工养

---

① 该文件已于2001年10月6日废止。
② 标准工资（也称基本工资）是指按规定的工资标准计算的工资（包括实行结构工资制的基础工资、职务工资和工龄津贴）。在国家统计口径上一般统计为：计时工资和计件工资。标准工资一般不包括下列各项：（一）支付周期超过一个月的劳动报酬，如季度奖、半年奖、年终奖、年底双薪以及按照季度、半年、年结算的业务提成等；（二）无确定支付周期的劳动报酬，如一次性的奖金、津贴、补贴等；（三）职工的福利待遇。

老保险制度改革的决定》（国发〔1991〕33 号）的发布，标志着我国在企业正式开始改革养老保险制度，将原来的退休养老制度改为社会养老保险制度。国发〔1991〕33 号文件规定"企业缴纳的基本养老保险费，按本企业职工工资总额和当地政府规定的比例在税前提取""职工个人缴纳基本养老保险费，在调整工资的基础上逐步实行，缴费标准开始时可不超过本人标准工资的 3%，以后随着经济的发展和职工工资的调整再逐步提高"。

这个时期养老保险制度改革还处于探索、总结经验的时期，在缴费基数的规定特别是个人缴费工资基数的规定上也比较谨慎。职工个人的缴费基数是本人标准工资而不是本人的全部工资。主要有以下几个原因。第一，当时刚刚开始实行社会养老保险制度，改变企业退休人员完全由国家、企业包下来的办法，实行国家、企业、个人三方共同负担，职工个人也要缴纳一定费用，这需要一个过程。当时更主要的任务是统一思想、提高认识，而对于职工缴费更多的是引导和象征性的意义，所以采用标准工资而不是全部工资作为缴费基数对于职工更容易接受。第二，标准工资的概念比较明确（见 19 页注释②）且标准工资占工资总额的比例大体在 50% ~ 70%，并不是很高，这样职工个人的实际负担就很小，也容易被职工接受。当然，随着标准工资占工资总额比重的不断下降①，国发〔1991〕33 号文中虽然规定个人缴费基数是本人的标准工资，但也提出个人缴费比例要随着经济的发展和职工工资的调整在 3% 的基础上逐步提高。第三，当时社会保险精算制度在我国还是个新生的事物，还不能就国家、企业、个人在社

---

① 国有单位标准工资（计时工资 + 计件工资）占工资总额的比重：

年份	1978	1980	1984	1986	1988	1990	1992	1993
比重（%）	83.9	73.0	68.0	65.0	58.4	57.8	53.9	46.6

资料来源：根据国家统计年鉴整理。

会保险中的具体负担进行测算。

二　深化与完善阶段（自20世纪90年代中期至2006年）

自 1995 年国务院发布《国务院关于深化企业职工养老保险制度改革的通知》（国发〔1995〕6 号）以后，1997 年国务院和原劳动部又先后发文（国发〔1997〕26 号、劳办发〔1997〕116 号）对缴费基数进行了明确规定，国发〔2005〕38 号文件对城镇个体工商户和灵活就业人员缴费基数进行了规定。这一阶段，缴费基数逐步完善，对各种类型的企业、个人以及城镇个体工商户和灵活就业人员的缴费基数作了规定，引入了社会平均工资的概念，并规定了缴费基数的上下限标准。主要规定如下：企业以单位职工工资总额或参保职工缴费基数之和为缴费基数，个人以本人上年度平均工资为缴费基数，个体工商户和灵活就业人员的缴费基数为当地上年度在岗职工平均工资，个人缴费基数的上下限为当地在岗职工平均工资的 60% 和 300%。

我国职工基本养老保险缴费基数的确定，主要考虑了如下因素。

第一，遵循国际惯例。大多数实行社会保险型模式的国家的养老保险都是用工资总额（包括企业和个人）作为缴费基数，虽然名称有所不同，如有的称为收入，有的称为工资或工资总额，但因为发达国家收入工资化程度较高，收入与工资总额在金额上大体相当，所以缴费基数基本都是工资总额的概念。同时大多数国家规定了个人缴费的上下限，主要有直接规定金额（或下限为最低工资）和按平均工资的一定比例进行确定两种方式。

第二，体现社会保险共济和再分配的原则。建立养老保险制度的目的在于保障参保者在年老时的基本生活，如果保障水平过低，则不能充分发挥其生活保障的功能。而按照权利与义务对等原则的要求，若要保证一定的待遇水平，就必须要保证一定的缴费水平，因而缴费下限不能过低。同时，缴费基数上下限的设定也是为了防止退休人员收入差别过大，因为基础养老金月标准是以当地上年度在岗职工月平均工资和本人指数化月平均缴费工资的平均值为计发基数，如果本人都按其实际工资缴纳养老保险费，退休后的收入差距就会非常大，低收入者甚至不能保障本人的基本生活。比如，北京市 2012 年退休的人员中，若按 60% 的缴费基数和 15 年的缴费年限，退休收入为 500 ~ 700 元/月（部分人员按 40% 的基数缴费，比国家标准更低），同期北京市人均养老金为 2510 元/月，最低生活保障线为 520 元/月，最低收入线为 731 元/月，前述退休人员的退休收入与最低生活保障线相当。为了防止老年贫困，北京市将最低退休收入提高到 1200 元/月，这一做法虽然对低收入者有利，但影响制度的可持续发展①。如果缴费基数的下限没有制度安排，就会有相当一部分低收入者以最低的门槛条件获得养老金，结果造成养老金不足或者补贴过多，导致制度不可持续。因此，在制度设计中必须要有缴费基数的上下限控制，才能避免职工老年贫困和退休人员养老待遇差距过大情况的发生。

第三，适应企业收入分配制度改革的进程。在 20 世纪 80 年代和 90 年代初，国家实行统一的工资制度，国家下发统一的工资标准，因此按照本人标准工资缴纳养老保险也是可行的。1992 年以后中央明确提出要坚持以按劳分配为主体、多种分配方式并存的原则，允许和鼓励资本、技术等生产要素参与收益分配，探索建立与现代企业制度相适应的收入分配制度，并且确立了"市场机制决定、企业自主分配、职工民主参与、政府监控指导"这一企业工资分配制度改革目标。随着工资制度改革的深化，原有的标准工资逐渐淡化以至被取消，部分企业和部分职工（如销售、实行年薪制的人员等）的标准工

---

① 李珍编《社会保障理论》（第三版），中国劳动社会保障出版社，2013，第 211 页。

资很难确定，而且标准工资占全部工资比重逐渐减小，与职工个人全部收入水平相差甚远。因此，再用标准工资作为缴费基数显然已不能适应当时收入分配制度改革的实际。缴费基数由原来的标准工资改为本人上年度平均工资，不仅适应企业工资收入分配制度改革的进程，也有利于保障职工的权益。

第四，保障养老保险基金收支的平衡。缴费基数和费率水平共同影响养老保险缴费水平，也是影响养老保险基金收支平衡的两个重要因素。在根据我国经济发展水平确定了适当的养老金替代率的前提下，通过精算可以确定在现收现付制度下何种缴费基数和费率水平能保障养老保险基金的平衡。

三　规范与明确阶段（2006年至今）

2005年国务院颁发《国务院关于完善企业职工基本养老保险制度的决定》（国发〔2005〕38号），明确城镇个体工商户和灵活就业人员参加基本养老保险的缴费基数为当地上年度在岗职工平均工资，缴费比例为20%，其中8%记入个人账户。2006年原劳动和社会保障部发布的《关于规范社会保险费缴费基数有关问题的通知》（劳社险中心函〔2006〕60号）对社会保险缴费基数的核定依据、工资总额的计算口径和计算缴费基数的具体项目等做了进一步的明确。2010年《中华人民共和国社会保险法》以法律的形式明确"用人单位应当按照国家规定的本单位职工工资总额的比例缴纳基本养老保险费，职工应当按照国家规定的本人工资的比例缴纳基本养老保险费"。至此，养老保险缴费工资基数的口径更加明确，并最终以法律的形式确定了企业和个人的缴费基数。

自20世纪90年代中期确定了全国基本统一的养老保险制度模式以后，各地区在扩大基本养老保险覆盖范围、加强基金征缴等各方面的工作均取得了明显成效。但随着社会主义市场经济体制的逐步建立和完善，我国所有制结构、就业方式和收入分配形式发生了很大变化，一些地区在社会保险缴费申报、审核和稽核工作中，存在着执行政策不统一、审核不够规范等问题，严重影响了养老保险制度的健康发展。针对实践中出现的这些问题，2006年11月，原劳动和社会保障部社会保险事业管理中心下发了《关于规范社会保险缴费基数有关问题的通知》（劳社险中心函〔2006〕60号），对工资总额与劳动报酬中哪些项目纳入社会保险缴费基数做了详细解释，具体明确了职工工资中作为缴费基数的项目。

劳社险中心函〔2006〕60号文主要包括以下内容。（1）缴费基数确定的依据。文件规定国家统计局发布的《关于工资总额组成的规定》（国家统计局令第1号），以及之后相继下发的一系列通知中对有关工资总额统计做出的明确规定，每年各省区市统计局在劳动统计报表制度中对劳动报酬指标的具体解释等都应作为核定社会保险缴费基数的依据。（2）缴费基数的计算口径。"凡是国家统计局有关文件没有明确规定不作为工资收入统计的项目，均应作为社会保险缴费基数"，同时规定纳入工资总额的八个项目（计时工资、计件工资、奖金、津贴、补贴、加班加点工资、其他工资和特殊项目构成的工资）和不列入缴费基数的十七个项目。从各个项目的规定上看基本沿袭了国家统计局的有关规定和解释，只是把津贴和补贴分开，对津贴进行了较为详细的规定，并增加了其他工资项（如附加工资、保留工资及调整工资补发的上年工资等）。（3）同一地区要统一缴费基数。文件规定"参保单位缴纳基本养老保险费的基数可以为职工工资总额，也可以为本单位职工个人缴费工资基数之和，但在全省区市范围内应统一为一种核定办法""单位职工本人缴纳基本养老保险费的基数原则上以上一年度本人月平均工资为基础，在当地职工平均工资的60% ~

300%的范围内进行核定"。

2010年《中华人民共和国社会保险法》进一步明确规定用人单位的缴费基数为本单位职工工资总额。至此，养老保险缴费基数的计算口径、用人单位和个人缴费基数的确定从政策到法律层面都已经非常明确，形成了一个完整的体系。

我国职工基本养老保险缴费基数最终确定为单位按照本单位上年度职工工资总额、个人按照本人工资，主要考虑了以下因素。

第一，缴费基数的确定有据可依。国家统计局依法进行国民经济各项指标的统计核算，是政府官方授权的专业统计部门。人社部门规定的养老保险缴费基数的计算口径以国家统计局的工资总额统计口径为基准，依法合规、有据可依。

第二，适应分配形式的变化。劳社险中心函〔2006〕60号文把津贴和补贴分开，对津贴进行了较为详细的规定，并增加了其他工资项。这样的变动在当时具有极强的针对性和现实性，因为津贴在职工工资收入中的比例加大，覆盖面变宽。附加工资、保留工资、调整工资后补发的上年工资等归入"其他工资"项目的工资形式也越来越普遍。

第三，体现社会保险调节收入分配、增强互济的功能。《中华人民共和国社会保险法》规定用人单位以本单位职工工资总额为缴费基数，不设定缴费基数上下限，有利于均衡单位缴纳社会保险的负担。通过对企业征收超过上年度职工平均工资300%部分的养老保险费，社会保险使企业养老负担与职工工资总额紧密挂钩，发挥调节收入分配、增强互济的功能，体现政策的公平性。对于工资总额普遍较低的中小企业，使其仅按照工资总额缴费，减轻了企业的社保缴费负担，有利于调动他们的参保积极性。

第四，有利于扩面征缴、基金增收和保障职工权益。按照单位职工工资总额征收养老保险费，能够有效地杜绝企业漏报、瞒报缴费工资基数，少报参保人数的行为，有利于扩面征缴、基金增收。同时，企业缴费额与个人缴费基数脱钩，会在一定程度上减小企业故意压低职工缴费基数的现象，有利于保障职工的合法权益。

第五节　社会保险缴费工资基数的困惑

总体上看，我国工资总额统计口径的规定是较为明确的，但是，国家统计局令第 1 号产生于 20 世纪 90 年代，尽管之后国家统计局也对有些指标进行了增补和解释，但进入 21 世纪后，几乎没有对工资总额统计口径做调整，因此，它已不能满足我国社会经济快速发展的需要。随着我国改革开放和经济的高速增长，经济结构、产业结构、生产方式等发生了很大的变化，工资分配方式也更加多种多样，工资的内涵、构成及其内容也发生了很大变化，不仅企业，而且政府各部门或部门内部在对工资结构、工资总额等的理解上也发生了较大的偏差，必然传导到以工资为基础的社会保险的缴费和待遇的计算上。目前存在的主要矛盾和问题，大致有以下几个方面。

一　现行工资统计范围与企业职工基本养老保险人员覆盖范围不一致

按照我国社会保险法的规定，城镇企业职工基本养老保险的覆盖范围包括单位职工、个体工商户和灵活就业人员，即全部城镇就业人员的口径。而目前作为大多数省市企业职工基本养老保险缴费基数的平均工资只是城镇非私营单位在岗职工的平均工资，其统计的人员范围大大小于纳入职工基本养老保险人员的覆盖范围。即使在 2009 年以后各地发布的城镇私营单位平均工资统计口径中，统计范围也不包括个体工商户，甚至有些生产经营规模已经很大的个体私营企业也不在统计范围之内①。虽然在城镇非私营单位和城镇私营单位统计的其他就业人员里包含一些灵活就业人员②，如非全日制人员。但大多数以街道、社区等为组织形式，或个人从事社区便民服务、家政服务的灵活就业人员并不包含在其中。因此即便是按现在的统计口径把城镇非私营单位就业人员平均工资和城镇私营单位就业人员平均工资进行加权平均作为缴费基数，其人员的统计口径依然与缴费人员存在较大的错位，工资统计人员范围的偏差导致缴费基数的不准确。

二　工资总额概念的模糊造成社会保险缴费基数难以确定

国家统计局令第 1 号定义工资总额是各单位在一定时期内直接支付给本单位全部职工的劳动报酬总额，但对劳动报酬的定义没有给予明确说明，对工资总额与职工福利的区别也没有明确的界定，造成具体执行中对工资总额和劳动报酬、工资总额与职工福利理解上的疑惑。一些单位认为一些支出项目并非劳动报酬，或并非直接支付给职工的报酬，所以没有或根本不想将它们计入工资总额，也不将它们作为社会保险缴费工资基数进行申报。如单位提供的免费工作餐、分摊发放

---

① 调研发现，即使有些个体户在生意做大后雇用大量员工，甚至超过 100 人，年业务规模超过 1000 万元，基本已经形成小型企业的稳定规模，但只要没有注册公司，在统计意义上就依旧是个体工商户，因此也就不纳入工资统计范围。在一些专业市场上的"大户"，如服饰市场、建材市场、家具市场、水产市场、邮币卡市场、茶叶市场等，都可以看到经营规模大、实力雄厚的"个体工商户"，有的甚至早已有"前店后工厂"，因为只要有一个在专业市场上的窗口，他们就可以继续享受国家给予个体工商户的优惠政策。2014 年城镇个体从业人员达到 7000 多万。

② 灵活就业是指在劳动时间、收入报酬、工作场所、保险福利、劳动关系等方面不同于建立在工业化和现代工厂制度基础上的传统主流就业方式的各种就业形式的总称。主要由以下三部分人员构成：（1）自营劳动者，包括自我雇用者（自谋职业）和以个人身份从事职业活动的自由职业者等；（2）家庭帮工，即那些帮助家庭成员从事生产经营活动的人员；（3）其他灵活就业人员，主要是指非全时工、季节工、劳务承包工、劳务派遣工、家庭小时工等一般劳动者。

给职工的旅游费或疗养费、过节费、生日礼金或礼品费等，有些难以被认定为劳动报酬，有些并非直接支付给职工，因此不被认为是工资，而被认为是单位合理安排的福利项目支出。但2009年财政部《关于企业加强职工福利费财务管理的通知》① 要求单位将它们计入工资总额，缴纳社会保险费。正是对工资总额与企业福利概念理解上的偏差，导致在工资统计申报的一些具体项目上存在模糊认识或分歧意见，这给社会保险缴费基数的确定带来困惑，也直接引发有些单位有意无意地漏报了部分工资总额项目。

三 现行工资总额统计口径难以适应企业生产方式和工资分配形式的变化

国家统计局令第1号中规定"对购买本企业股票和债券的职工所支付的股息（包括股金分红）和利息"不包括在工资总额项目中，《劳动工资统计报表制度》② 中也规定在岗职工工资总额不包括入股分红、股权激励兑现的钱和各种资本性收益。从国家统计局的规定中可以看出，其强调的是职工在本单位所得的资产性收益是不纳入工资总额的统计范畴的，但规定得比较宽泛，而在实际操作中，由工资分配形式多种多样引起的工资项目和工资列支渠道的日趋纷繁复杂，出现了一些急需探讨和解决的问题。首先，有些分配形式难以确定其属

---

① 2009年财政部《关于企业加强职工福利费财务管理的通知》把原来在福利费中的企业为职工提供的交通、住房、通信待遇，已经实行货币化改革的，按月按标准发放或支付的住房补贴、交通补贴或者车改补贴、通信补贴、给职工发放的节日补助、未统一供餐而按月发放的午餐费补贴等项目，都纳入工资总额管理。

② 国家统计局在《劳动工资统计报表制度》规定：绩效工资也可称为效益工资、业绩工资，指根据本单位利润增长和工作业绩定期支付给本单位在岗职工的奖金；支付给本单位从业人员的超额劳动报酬和增收节支的劳动报酬。具体包括：值加班工资、绩效奖金（如年度、季度、月度等）、全勤奖、生产奖、节约奖、劳动竞赛奖和其他名目的奖金，以及某工作事项完成后的提成工资、年底双薪等。但不包括入股分红、股权激励兑现的钱和各种资本性收益。

于劳动报酬还是资产性收益。如：职工从本单位长期激励特别是股权激励中取得的报酬是劳动报酬，还是资产报酬？业绩优秀的职工得到本单位股票奖励是否应按照奖金处理？职工得到的岗位股等虚拟股份的分红是否也应作为奖金处理？职工根据股票期权取得的股票增值收益是否应列入工资总额统计？通过技术入股分配给研究开发人员的本单位或外单位股份是否要列入工资总额统计？其次，一些企业利用政策空子有意压低缴费基数、回避缴费义务，如实行"低工资、高分红"制度。这主要是在一些改制企业，在职职工均是参股股东，申报缴费基数时职工大部分按照标准工资或最低工资标准缴费，股利分红不作为工资收入统计，由此造成职工实际收入与按照工资口径统计的收入水平差额较大。最后，还有一些生产企业的供销人员、内部承包人员的工资收入的确认也没有明确。大多数企业的销售人员实行销售提成，销售成本费用由销售人员自行决定支付。这部分人员收入水平较高但实际工资收入无法准确核算。诸如此类的问题都是随着企业分配形式的多样化而产生的，因此迫切需要对工资总额的统计口径做出相应的调整。

四　聘用、留用的离退休人员的劳动报酬是否要列入企业社会保险费缴费基数

根据国家统计局发布的《关于工资总额组成的规定》，"工资总额是指各单位在一定时期内直接支付给本单位全部职工的劳动报酬总额。"《劳动工资统计报表制度》也把单位聘用的正式离退休人员纳入其他从业人员中进行从业人员和工资总额的统计。《关于规范社会保险费缴费基数有关问题的通知》规定："劳动报酬总额包括：在岗职工工资总额；不在岗职工生活费；聘用、留用的离退休人员的劳动报酬；外籍及港澳台方人员劳动报酬以及聘用其他从业人员的劳动报酬。"这

些规定都表明聘用、留用的离退休人员的劳动报酬也要列入企业社会保险缴费基数。但在政策的实际执行中差异较大。如天津市目前实行的是社会保险缴费单基数法，即单位按照职工缴费基数之和缴费，所以在具体操作时，对于这些已经领取离退休费或养老金，即已享受社会保险待遇的退休返聘、留用人员，在基数核定时只要提供他们的离退休证的复印件就可以不纳入缴费基数。因此，聘用、留用的离退休人员的劳动报酬是否要列入企业社会保险费缴费基数需要进一步探讨。

五　工资统计和社保缴费政策不统一增加了核定社会保险缴费基数的难度

2006 年《关于规范社会保险费缴费基数有关问题的通知》（劳社险中心函〔2006〕60 号）规定："1990 年国家统计局发布了《关于工资总额组成的规定》（国家统计局令第 1 号），之后相继下发了一系列通知对有关工资总额统计做出了明确规定，每年各省区市统计部门在劳动统计报表制度中对劳动报酬指标亦有具体解释。这些文件都应作为核定社会保险缴费基数的依据。"这就是说，无论是国家统计局还是各省区市地方统计局的文件，都可作为核定社会保险缴费基数的依据。但该通知紧接着又补充说明"凡是国家统计局有关文件没有明确规定不作为工资收入统计的项目，均应作为社会保险缴费基数"，仅将国家统计局的文件作为核定社会保险缴费基数的唯一依据。这就排斥了各省区市统计局在劳动统计报表制度中对劳动报酬指标的具体解释，前后矛盾。调研发现，在具体操作时，如对某一项目，国家统计局并没有明确规定该项目不作为工资收入统计，而省区市统计局却做出了该项目不作为工资收入统计的规定，单位申报时就无所适从，社会保险经办机构在核定社会保险缴费基数时也难以适从。

六 个人所得税应税基数与职工基本养老保险缴费基数相距甚远的困惑

目前全国有 17 个省市由税务部门代为征缴职工基本养老保险费，于是在这些地区就出现了税务部门征收个人所得税的应税基数与职工参加基本养老保险个人缴纳社保费基数的多少问题。虽然这两者都是对个人收入征收税或费的基数，但就两个基数本身在政策规定和实际操作中存在很大的不同。首先，二者的组成项目有很大不同。个人所得税应税基数范围非常广泛，除了劳动者本人从单位获得的工资、薪金等劳动所得之外，还包括一些从本单位和单位外获得的财产性、经营性以及其他一些收入①，也就是个人全部收入总和的概念。而职工基本养老保险缴费基数就是工资总额，即本人从单位获得的劳动报酬，不包括财产性、经营性收入。前者在项目的金额上大于后者，用前者作为缴费基数无异于加征个人所得税。其次，二者在扣减项目上存在交叉，工资总额不包括的一些项目要计征个人所得税，而一些个人所得税免税的项目又要统计在工资总额内。如个人所得税法第四条免征个人所得税项目里有"按照国家统一规定发给的补贴、津贴"一项，个人所得税法实施条例解释："税法第四条第三项所说的按照国家统一规定发给的补贴、津贴，是指按照国务院规定发给的政府特殊津贴、院士津贴、资深院士津贴，以及国务院规定免纳个人所得税的其他补贴、津贴"，而这些补贴、津贴项是包含在工资总额的统计范围内的。但工资总额不包括的一些项目，如"对购买本企业股票和债

---

① 《中华人民共和国个人所得税法》第二条规定下列各项个人所得，应纳个人所得税：（1）工资、薪金所得；（2）个体工商户的生产、经营所得；（3）对企事业单位的承包经营、承租经营所得；（4）劳务报酬所得；（5）稿酬所得；（6）特许权使用费所得；（7）利息、股息、红利所得；（8）财产租赁所得；（9）财产转让所得；（10）偶然所得；（11）经国务院财政部门确定征税的其他所得。

券的职工所支付的股息（包括股金分红）和利息"，却是要纳入个人所得税的计征基数。因此，个人所得税的应税基数和职工基本养老保险的缴费基数存在的差异，也引起了社会上对我国税费问题的质疑。

第六节　社会保险待遇水平的确定与调整

以职工基本养老保险为例，我国职工基本养老保险待遇的构成包括两个方面（见图1-1），一是由计发办法确定的初次养老金，企业退休人员的初次养老金由基础养老金、个人账户养老金构成，"中人"[①]加发过渡性养老金；二是以后通过养老金的调整增长的养老金，也即由养老金的调整机制增加的养老金。

图1-1　我国企业退休人员养老金的构成

一　职工基本养老保险待遇的确定

我国现行企业退休人员养老金的计发办法[②]可以总结如下。

　　企业退休人员的月基本养老金＝基础养老金＋个人账户养老

---

① 中人：城镇职工基本养老保险制度改革前参加工作，改革后退休的人员。
② 根据国发〔2005〕38号文件和社会保险法整理。

金 + 过渡性养老金（如为"中人"）。

基础养老金 =（参保人员退休时上一年度当地职工月平均工资 + 本人指数化月平均缴费工资）÷2 × 个人累计缴费年限 ×1%。

本人指数化月平均缴费工资 = 参保人员退休时上一年度全省职工月平均工资 × 本人平均缴费工资指数[①]。

个人账户养老金 = 退休时个人账户储存额 ÷ 本人退休年龄相对应的计发月数。

为了使制度改革前后顺利过渡和衔接，实行了"新人新制度、老人老办法、中人逐步过渡"办法。

按照社会保险法和国发〔2005〕38 号文件规定，新人养老金计发办法为，缴费年限累计满 15 年的退休人员，按月发给基本养老金。基本养老金由基础养老金和个人账户养老金两部分组成。基础养老金月标准以全省（市）上年度在岗职工月平均工资和本人指数化月平均缴费工资的平均值为基数，缴费每满 1 年发给 1%。个人账户养老金月标准为个人账户储存额除以计发月数（目前为 139）。中人养老金由基础养老金、个人账户养老金、过渡性养老金组成。过渡性养老金 = 职工本人退休时全省（市）上年度在岗职工月平均工资 × 职工本人平均缴费指数 × 视同缴费年限 × 过渡系数。

老人，即制度改革前已离退休人员，仍按原办法执行。

根据对上海、北京、陕西、吉林、广州、四川、西藏、辽宁等地的职工基本养老保险运行情况的研究，并在利用金保工程信息数据库

[①] 本人平均缴费工资指数 =（$a_1/A_1 + a_2/A_2 + \cdots\cdots + a_n/A_n$）÷N（其中，$a_1$、$a_2\cdots\cdots a_n$ 为参保人员退休前 1 年、2 年……n 年本人缴费工资额；A_1、$A_2\cdots\cdots A_n$ 为参保人员退休前 1 年、2 年……n 年全省职工平均工资；N 为企业和职工实际缴纳基本养老保险费的年限）。

数据对北京等 8 省市 2009 年至 2013 年养老数据进行全面分析的基础上，对我国基本养老保险的待遇水平问题得出如下基本结论判断。

（1）目前养老金替代率概念和含义比较模糊和混乱，大致有 7 种说法。笔者认为，使用社平工资替代率比较科学合理。但单纯用一个比值，也不能全面衡量养老保险的待遇水平情况，还必须考虑基本养老金贡献率、养老金支出占 GDP 比重和实际养老金指数等。综合考虑，适合我国的基本养老保险替代率水平的是一个区间，上限为 70%，下限为 40.5%。2013 年我国企业职工基本养老保险替代率为 44.6%，处于合理水平区间。我国人均基本养老金的实际购买力都较上年有所提高，退休人员的生活水平在保持稳定的同时都有所上升。但实际养老金指数低于平均实际工资指数，其差额为年均相差 4.5 个百分点，这意味着离退休人员尚未充分共享经济社会发展的成果。

（2）影响养老金水平的主要因素：一是初次养老金计发，二是待遇调整机制。按照我国的待遇计发办法，初次计发与缴费基数、缴费时间长短、退休年龄、个人账户收益等因素有关。目前有相当一部分退休人员养老金没有达到国发〔2005〕38 号文的目标替代率水平（59%），主要原因是他们选择低缴费年限〔根据历年数据统计，缴费 35 年以上（含视同）的占 25% 左右〕，以及选择 60% 缴费基数，加上退休年龄偏低，个人账户收益距离工资增长率差距大，再加上养老金的每次调整幅度均低于同期社平工资增长率，以致替代率逐年下降成为必然。

（3）有些地区实行的最低养老金政策，有悖于我国养老保险的公平与效率相结合、权利与义务相统一的基本原则，严重冲击了多缴多得、长缴多得的养老保险激励机制，对社会产生误导，长此下去，将使我国养老保险制度的社会保险模式演变为福利模式，因此，必须采取措施及时纠正最低养老金政策。

（4）针对我国养老金逐年下降的问题，需要在政策上做出调整。一是明确我国社平工资替代率作为衡量养老金待遇水平的主要指标，并确立合理区间（40.5%～70%），理直气壮地宣传我国养老保险改革取得的巨大成就和给广大退休人员带来的实惠和好处，以及退休人员的基本生活得到较好保障的事实。二是加快研究改革养老保险制度参数：逐步提高缴费年限，将目前的最低缴费15年的规定，提高到25～30年；提高退休年龄，延长缴费期；规范工资收入分配秩序，明确工资的基本内涵和外延，为做实社会保险缴费基数奠定基础，防止瞒报少缴；出台个人账户结余资金投资运营办法或实行个人账户记账利率紧盯社平工资增长率的政策。这些政策是提高替代率，提高退休人员生活水平的基础，同时，应尽快完善养老金正常调整机制，将目前养老金调整按照上年养老金为基数改为按上年社平工资为基数。三是加快发展多层次养老保障体系，逐步降低基本养老金贡献率，使之降低到85%以下的水平（2013年为98.62%）。

二　职工养老保险待遇的调整

在职工基本养老保险的待遇水平调整方面，我国城镇企业养老金调整过程大致经历了四个阶段。

第一个阶段为新中国成立初期至改革开放之前。1951年，政务院颁布《中华人民共和国劳动保险条例》，对国营企业职工的养老待遇做出规定。1955年，国务院颁布了国家机关事业单位工作人员退休养老办法。在"文革"期间，规定企业职工退休费用统筹的劳动保险制度被取消，改由所在企业自行负担，实际演变为"企业保险"。这一阶段，退休金以基本工资为基础，根据工龄长短按不同的比例发放。退休人员领取固定不变的退休金。由于各种物品都由政府实行严格的定价和价格管制，计划供给，退休人员一般都能维持比较稳定的生活水平，所以养老金的给付调整机制问题并不突出，其养老待遇也大体适应计划经济体制的要求。

第二阶段从改革开放后至 2000 年，为养老金调整探索阶段。随着计划经济体制向市场经济体制转轨，企业职工养老保险制度改革开始进行。1984 年开始对国有企业、集体企业养老保险实行费用统筹；1991 年国务院颁布《国务院关于企业职工养老保险制度改革的决定》（国发〔1991〕33 号），明确提出养老金调整"通过增加标准工资在工资总额中的比重，逐步提高养老金的数额""国家根据城镇居民生活费用价格指数增长情况，参照在职职工工资增长情况对基本养老金进行适当调整，所需费用从基本养老保险基金列支"；1995 年国务院颁布《国务院关于深化企业职工养老保险制度改革的通知》（国发〔1995〕6 号），确立了养老保险实行社会统筹与个人账户相结合的制度模式，以及企业和个人共同负担的筹资机制；1997 年国务院颁布《国务院关于建立统一的企业职工基本养老保险制度的决定》（国发〔1997〕26 号），统一了基本养老金计发办法，同时提出"各地区和有关部门要按照国家规定进一步完善基本养老金正常调整机制"；2000 年国务院颁布《国务院关于印发完善城镇社会保障体系试点方案的通知》（国发〔2000〕42 号），试点方案中提出"基本养老金水平的调整，由劳动保障部和财政部参照城市居民生活费用价格指数和在职职工工资增长情况，提出方案报国务院审定后统一组织实施"。

这一时期养老金调整的主要特点，一是国家提出了退休人员基本养老金的调整原则，各地在国家原则框架内对退休人员基本养老金进行调整；二是提出了"国家根据城镇居民生活费用价格指数增长的情况，并参照在职职工工资增长情况，对基本养老金进行适当调整"[1]

---

① 1991 年 6 月 26 日，《国务院关于企业职工养老保险制度改革的决定》。

和"各地区应当建立养老金正常调整机制,基本养老金可按当地职工上一年度平均工资增长率的一定比例进行调整"[1] 的要求;三是待遇调整对象为上年 12 月 31 日前的离退休人员,待遇调整时间原则上定为每年的 7 月 1 日;四是待遇调整水平为当地职工平均工资增长率的 40% ~60% [2]。

这段时期,国家共进行了 4 次养老金调整,人均月养老金增加 191 元。一些地方也进行了养老金调整机制的探索,如上海市从 1993 年 4 月 1 日起建立基本养老金随着职工生活费用价格指数相应调整的制度,即养老金物价补偿制度,使退休人员的收入随生活费用价格指数的增长而得到了增加。

第三个阶段从 2001 年至 2004 年,为统一、规范政策阶段。原劳动和社会保障部相继出台了劳社部发〔2001〕12 号、劳社部发〔2001〕21 号、劳社部发〔2002〕3 号、劳社部发〔2002〕16 号和劳社部发〔2004〕24 号文件,要求规范养老金的调整机制。一是各地不得自行提高基本养老金待遇,调整待遇工作由国务院统一部署安排;二是待遇调整时间统一为当年的 7 月 1 日,待遇调整对象为上年 12 月 31 日前的离退休人员;三是待遇调整水平仍为当地职工平均工资增长率的 40% ~60%,其中 2001 年为当地职工平均工资增长率的 60%,2002 年为 50%,2004 年为 45% 左右;四是提出待遇调整向退休早、待遇水平偏低的人员实行一定的倾斜;五是建立中央财政对中西部地区和老工业基地的专项补助机制,对财政确有困难的中西部地区、老工业基地及新疆生产建设兵团,中央财政通过专项转移支付方式予以补助。

---

[1] 1995 年 3 月 1 日,《国务院关于深化企业职工养老保险制度改革的通知》。

[2] 国办发〔1999〕69 号文规定的调整方案与其他年份有所不同,按照通知要求,1999 年比正常年份高一些,平均比 1998 年月平均养老金水平提高 15% 左右。

这段时期企业退休人员养老金共调整待遇 3 次，人均月养老金增加 116 元。

第四阶段从 2005 年至今，为解决重点、缓解矛盾阶段。自 2005 年起，按照国务院的部署和要求，连续 13 年为企业离退休人员调整了基本养老金。这段时期养老金调整的特点为，一是实行普遍调整与特殊调整相结合的调整办法。在普遍调整基础上，对具有高级职称的企业退休人员、新中国成立前的老工人、1953 年底前参加工作的退休人员、原工商业者及基本养老金偏低的企业退休军转干部等予以政策倾斜，养老金增加幅度高于一般退休人员。二是养老金调整时间从 2008 年起由原来的每年 7 月 1 日调整为 1 月 1 日。三是加大了调整幅度，调整规则发生改变。2005 ~ 2007 年，养老金调整基数延续了以前的做法，但幅度大幅提高，分别提高至在岗职工工资增长率的 60%、100% 和 70%[1]。2008 年开始调整为上年度企业退休人员月人均基本养老金的 10% 左右[2]，2016 年为 6.5%，2017 年为 5.5%。

自 2008 年至 2017 年，企业离退休人员人均月养老金共提高了 800 元。具有高级职称的企业退休人员、新中国成立前的老工人、1953 年底前参加工作的退休人员、原工商业者四类人员的月人均养老金由 2005 年的 976 元、1053 元、697 元和 571 元增加至 2010 年的 2028 元、2216 元、1740 元和 1131 元。

总之，自 1995 以来，我国企业退休人员基本养老金共进行了 17 次调整，企业退休人员月人均养老金水平由 1995 年的 321 元，提高到 2013 年的 2050 元左右，平均每次调整幅度增幅为 10.85%（见图 1-2）。

---

① 《劳动和社会保障部、财政部关于调整企业退休人员基本养老金的通知》（劳社部发〔2006〕21 号）

② 《劳动和社会保障部、财政部关于 2008 年调整企业退休人员基本养老金的通知》（劳社部发〔2007〕43 号）。

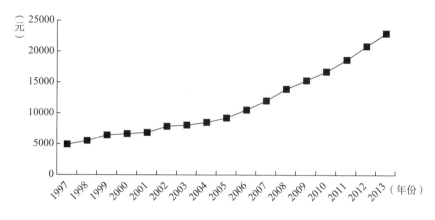

图 1 - 2　1997 ~ 2013 年人均养老金水平

资料来源：人力资源和社会保障部劳动工资研究所"基于收入分配视角的社会保险缴费和待遇水平研究"课题组根据《中国统计年鉴》整理。

　　整体看来，我国各个时期的企业职工养老金调整办法是由不同时期国家经济发展和养老保险制度的现实情况所决定的，在我国企业职工养老保险制度的改革与发展中发挥了积极作用，已取得了很大成效，并积累了经验。一是全国调整办法逐步趋于统一与规范，形成了由国家统一安排养老金调整的机制；二是初步建立了与职工平均工资增长率或企业退休人员月养老金一定比例挂钩的调整办法，使退休人员分享了部分经济社会发展成果；三是普遍调整与特殊调整相结合的待遇调整办法，缓解了部分人员待遇水平较低的矛盾；四是初步形成了养老金调整的中央财政补助机制，解决了经济欠发达地区养老金调整中遇到的资金不足的困难；五是在一定程度上提高了企业离退休人员的生活水平，保障和改善了他们的基本生活。特别是 2005 年以来连续进行的 13 次调整，充分体现了国家对企业退休人员的关怀和帮助，大大缓解了不同制度覆盖群体间退休人员养老待遇差距过大的矛盾，得到绝大多数企业职工的欢迎，为建设和谐社会、维护社会稳定发挥了重要作用。

主要成效集中体现在以下两点。

（1）大幅度提高了企业退休人员的养老金水平，使企业退休人员适当分享了经济社会发展的成果，缓解了企业退休人员养老金整体偏低的矛盾。特别是自2005年以来的连续调整，2012年比2005年企业退休人员人均月养老金平均增长了981元（见表1-1），增长幅度达到了136%。2012年企业退休人员月均养老金是1990年的12.68倍、1999年的3.4倍、2005年的2.36倍，受到企业退休人员的普遍欢迎。

表1-1　1998~2013年企业退休人员月人均养老金和社平工资增长率对比

年份	月人均基本养老金（元）	养老金增长率（％）	职工平均工资（元）	社平工资增长率（％）	平均替代率（％）
1998	413.00		620.50		74.44
1999	494.00	19.61	693.25	11.72	77.55
2000	544.00	10.12	777.75	12.19	71.51
2001	556.00	2.21	902.83	16.08	63.38
2002	618.00	11.15	1031.08	14.21	63.69
2003	640.00	3.56	1164.08	12.90	57.90
2004	667.00	4.22	1326.67	13.97	53.62
2005	719.00	7.80	1516.67	14.32	50.83
2006	835.00	16.13	1738.00	14.59	50.65
2007	947.00	13.41	2060.08	18.53	48.71
2008	1121.00	18.37	2408.17	16.90	48.22
2009	1246.00	11.15	2687.00	11.58	47.50
2010	1380.00	10.75	3044.92	13.32	45.82
2011	1528.00	10.72	3483.25	14.40	44.74
2012	1700.00	11.26	3897.42	11.89	44.69
2013	1869.00	9.94	4289.50	10.06	44.62
平均		10.69		13.78	

资料来源：课题组根据《中国统计年鉴》整理。

但是，历经多年的养老金调整，替代率非但没有提高，反而下降，其中原因除了前述的大多数退休人员的初次养老金没有达到政策规定的替代率水平外，养老金每次的增长幅度低于社会平均工资增长幅度，必然导致以社平工资为分母的替代率年年下降。

由表 1 - 1 可以看出，除了少数年份（如 1999 年、2006 年和 2008 年）养老金增长率高于社平工资增长率外，其他年份的养老金增长率均明显低于社平工资增长率，1998 年至 2013 年平均低 3.09 个百分点。多重因素（前述的缴费基数、缴费年限、退休年龄、个人账户贬值等）导致替代率下降。

总体来说，虽然养老金待遇调整缓解了替代率的下降速度，但在工资高速增长的环境下，不可能提高替代率水平。

第二章
工资收入分配视角下的社会保险缴费与待遇

　　社会保险是二次分配的重要工具和手段。社会保险在保障参保人员基本生活的同时，也具有促进经济增长、调节收入分配和维护社会公平公正的作用。目前，我国五项社会保险已经基本实现了制度全覆盖，正在逐步实现法定人群的全覆盖。职工基本养老保险和基本医疗保险，作为社会保险中最重要的险种，已经覆盖了城镇各类企业及其职工、个体工商户和灵活就业人员，以及在华就业的外籍人员。一方面，随着我国经济进入新常态，一些企业特别是劳动密集型企业和大多数的中小微企业，普遍反映企业劳动力成本越来越高，尤其是社会保险缴费水平高，使其面临困境。另一方面，国家为增强企业活力，保持经济稳步增长，把降成本、减负担作为推进供给侧结构性改革的重要任务，从多个方面密集出台政策措施，实实在在降低企业成本。其中，有条件地阶段性降低社会保险费率成为重要的措施之一。目前企业的负担情况如何，降低社会保险费率对企业减负有什么影响，降成本又该从何处入手，要回答这些问题，需要从收入分配的整体视角，将企业的经营和成本情况弄清楚；需要认真研究，精准施策。否则有可能出现"号错脉、开错药"的结果，导致对企业经营困难问题实质的误判或错判。社会保险费作为企业劳动力成本的重要组成部分，从整体收入分配的视角，分析探讨社会保险费的来源，以及不同类型企业和人员的缴费能力和水平，不仅对于建立更加公平可持续的社会保障制度具有重要意义，而且对于完善收入分配制度，提高全社会劳动生产率，也具有极其重要的现实和理论意义。

第一节 职工社会保险缴费与工资收入关联面临的矛盾

一 城镇居民工资性收入下降，职工社会保险缴费紧盯工资确定缴费基数，缺乏公平

《中华人民共和国社会保险法》第十二条规定："用人单位应当按照国家规定的本单位职工工资总额的比例缴纳基本养老保险费，记入基本养老保险统筹基金""职工应当按照国家规定的本人工资的比例缴纳基本养老保险费，记入个人账户"。职工基本医疗保险的单位和个人缴费，也是按照单位工资总额和个人工资为基数确定[1]。从我国由国家和单位保障到建立社会保险制度的发展历程可以发现，社会保险按照工资为基数缴纳费用，具有比较强烈的计划特色。我国从20世纪80年代中期开始试点探索职工养老保险单位和个人缴费，那时的劳动工资还带有比较浓厚的计划经济时期收入分配的特征，突出表现是城镇居民的收入来源主要是工资性收入。随着社会主义市场经济制度的建立和不断完善，城镇居民人均可支配收入的结构发生了较大变化（见表2-1）。

表2-1 2000~2013年我国城镇居民人均可支配收入状况

单位：元

年份	城镇居民家庭人均可支配收入	城镇居民家庭人均总收入	工资性收入	转移性收入	经营性收入	财产性收入
2000	6279.98	6295.91	4480.50	1440.78	246.24	128.38
2001	6859.6	6907.1	4829.9	1668.6	274.1	134.6
2002	7702.8	8177.4	5740.0	2003.2	332.2	102.1

---

[1] 见《国务院关于建立城镇职工基本医疗保险制度的决定》（国发〔1998〕44号）。

续表

年份	城镇居民家庭人均可支配收入	城镇居民家庭人均总收入	工资性收入	转移性收入	经营性收入	财产性收入
2003	8472.2	9061.2	6410.2	2112.2	403.8	135.0
2004	9421.6	10128.5	7152.8	2320.7	493.9	161.2
2005	10493.0	11320.8	7797.5	2650.7	679.6	192.9
2006	11759.5	12719.2	8767.0	2898.7	809.6	244.0
2007	13785.8	14908.6	10234.8	3384.6	940.7	348.5
2008	15780.8	17067.8	11299.0	3928.2	1453.6	387.0
2009	17147.7	18858.1	12382.1	4515.5	1528.7	431.8
2010	19109.44	21033.42	13707.68	5091.90	1713.51	520.33
2011	21809.78	23979.20	15411.91	5708.58	2209.74	648.97
2012	24564.72	26958.99	17335.62	6368.12	2548.29	706.96
2013	26955.1	29547.1	18929.8	7010.3	2797.1	809.9

资料来源：课题组根据《中国统计年鉴》整理。

我国城镇居民人均可支配收入中的工资性收入占比由2000年的71.3%下降至2013年的70%，下降了1.3个百分点（如图2-1和表2-2所示）。

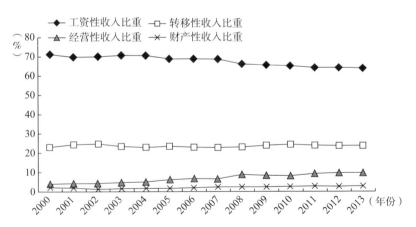

图2-1 2000～2013年我国城镇居民人均收入结构变化

资料来源：课题组根据《中国统计年鉴》整理。

表 2 - 2 2000~2013 年我国城镇居民人均可支配收入结构变动状况

年份	工资性收入比重（%）	转移性收入比重（%）	经营性收入比重（%）	财产性收入比重（%）
2000	71.3	22.9	3.9	2.0
2001	70.4	24.3	4.0	2.0
2002	74.5	26.0	4.3	1.3
2003	75.7	24.9	4.8	1.6
2004	75.9	24.6	5.2	1.7
2005	74.3	25.3	6.5	1.8
2006	74.6	24.6	6.9	2.1
2007	74.2	24.6	6.8	2.5
2008	71.6	24.9	9.2	2.5
2009	72.2	26.3	8.9	2.5
2010	71.7	26.6	9.0	2.7
2011	70.7	26.2	10.1	3.0
2012	70.6	25.9	10.4	2.9
2013	70.2	26.0	10.4	3.0

资料来源：课题组根据《中国统计年鉴》整理。

这表明，社保费仅仅与工资性收入挂钩，已经不能准确衡量单位和个人的缴费能力和水平。多项研究也表明，在城镇劳动者中，大多数劳动密集型产业的企业职工主要收入来源是工资，中低收入者更多依靠工资性收入。因此，较低收入者承担了较多的社保缴费责任，这进一步加剧了收入分配的不平等，也是造成一些企业欠费和职工社会保险中断缴费现象逐年增多的重要原因。

二 缴费基数以上年城镇在岗职工社会平均工资为基准，掩盖了不同行业间和不同类型企业间职工的收入差距，进一步扩大了工资分配差距

一方面，目前我国统计部门公布的在岗职工社会平均工资仅覆盖了城镇机关事业单位和国有企业等部门，而未将中小微企业、个体工商户和灵活就业人员等人群纳入统计范围。在我国目前的参保人群中，中小微企业、个体工商户和灵活就业人员等参保占比越来越大。根据课题组对广东、浙江、山东和陕西等省部分地市的调查，这些较低收入的参保人群占到职工总参保人数的67%。他们中大多数人的收入达不到当地在岗职工社平工资水平，甚至部分人群的收入在当地社平工资的60%以下，因此，他们的缴费负担十分沉重。如陕西省2014年企业职工按照在岗职工平均工资60%缴费的人数为25.95万人，占企业参保职工总数的6.2%，个体灵活就业人员按照在岗职工平均工资40%缴费的人数为20.03万人，占个体灵活就业人员总数的17.6%；2015年企业职工按照在岗职工平均工资60%缴费的人数增加到27.17万人，占企业参保职工总数的比例上升为6.4%，个体灵活就业人员按照在岗职工平均工资40%缴费的人数增加到24.43万人，占个体灵活就业人员总数的比例上升为24.1%。2013年个体灵活就业人员缴费率为70%，2014年下降为60%，2015年进一步下降为57%。由于缴费基数过高，很多低收入人群中断或放弃参保缴费成为不得已而为之的选择。同时，由于多数地区实行双基数缴费，单位并没有为高收入者多缴纳保费，个人缴费又受到300%的封顶限制，因此，部分高收入人群也没有缴纳更多的社会保险费。根据中国证监会信息，2010年上市公司负责人最高年薪平均值为66.8万元，2013年为81.81万元[①]。2012

[①] 见中国证券监督管理委员会网站（http://www.csrc.gov.cn/pub/newsite/sjtj/）。

年中央企业主要负责人平均年薪相当于中央企业在岗职工平均工资水平的 10.5 倍[①]。而这些人员的养老保险个人缴费仅仅是当地社会平均工资的 3 倍。

另一方面，我国行业间的工资差距较大，2013 年在 19 个行业门类中，城镇单位在岗职工工资最高行业是最低行业的 4.23 倍（见图 2-2）。从按大类划分的我国各行业城镇单位就业人员工资水平看，各行业间的收入差距变化趋势与门类行业相同（见图 2-2、图 2-3 和表 2-3）。2010 年，在全国 97 个行业大类中，工资最高的是证券业，年人均工资水平为 168116 元，最低的为畜牧业，年人均工资水平仅为 14175 元，最高行业为最低行业的 11.9 倍（见表 2-3）。2013 年，在全国 98 个行业大类中，最高的是其他金融业，年人均工资水平为 188860 元，最低的为农业，年人均工资水平为 24467 元，最高行业是最低行业的 7.7 倍（见表 2-3）。2015 年，根据十大银行（工农中建交 5 家国有银行，以及招行、民生、中信、光大、平安 5 家股份制商业银行）员工薪酬调查，员工平均年薪最低的为 22 万元[②]。

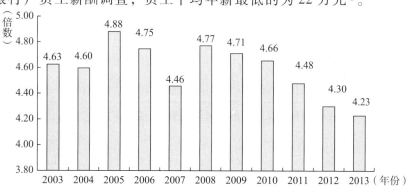

**图 2-2　2003~2013 年我国按照行业门类划分的城镇单位
在岗职工最高行业工资为最低行业倍数值**

资料来源：课题组根据历年《中国劳动统计年鉴》整理。

---

① 人社部劳动工资研究所的《"十三五"我国收入分配发展规划研究报告》。
② 2016 年 4 月 5 日《证券时报》。

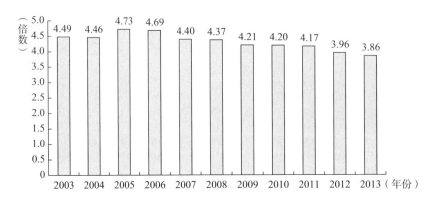

图 2 – 3　2003～2013 年我国城镇单位就业人员工资
最高行业为最低行业倍数值

资料来源：课题组根据历年《中国劳动统计年鉴》整理。

表 2 – 3　2010～2013 年我国按行业大类划分的城镇单位
就业人员工资收入差距

年份	城镇单位就业人员工资最高行业	平均工资水平（元/年）	城镇单位就业人员工资最低行业	平均工资水平（元/年）	最高是最低行业倍数
2010	证券业	168116	畜牧业	14175	11.9
2011	证券业	156662	畜牧业	16636	9.4
2012	其他金融业	157975	畜牧业	20327	7.8
2013	其他金融业	188860	农业	24467	7.7

资料来源：课题组根据历年《中国劳动统计年鉴》整理。

高收入单位和个人，并没有对我国社保缴费做出大的贡献，显然这不符合社会保险的参保缴费的"量能原则"。

三　社会保险费占企业总成本比重的讨论

随着我国经济进入新常态，的确有部分企业出现了经营困难，中央提出实行降成本的措施也是完全正确的。但究竟企业需要在哪些方面着手降低成本，需要认真研究。根据我们的调查，以建筑业为例，企业劳动力成本占企业全部总成本的比例大致在15%左右，而五项社会保险费占总成本的比例不到1%。可以说，社会保险费用成本的变动对企业总成本的变动难以产生实质性的影响。另外，相关统计数据显示①，从1992年到2015年，我国储蓄率从35%上升到了60%以上，其中，政府储蓄率和企业储蓄率都翻了一番多，但居民储蓄率基本没有变，1992年以来一直维持在20%左右。我国储蓄率高主要表现在政府和企业，而非居民。这从另一层面反映了，应对企业承担社会保险缴费的能力准确定位，做出科学合理判断。

四　允许部分人群适度兼职兼薪获得的合法收入是否纳入社保缴费

2016年11月，中共中央办公厅、国务院办公厅印发了《关于实行以增加知识价值为导向分配政策的若干意见》，提出允许科研人员和教师依法依规适度兼职兼薪，获得合法收入。明确指出，"科研人员在履行好岗位职责、完成本职工作的前提下，经所在单位同意，可以到企业和其他科研机构、高校、社会组织等兼职并取得合法报酬""兼职取得的报酬原则上归个人""兼职或离岗创业收入不受本单位绩效工资总量限制，个人须如实将兼职收入报单位备案，按有关规定缴纳个人所得税""高校教师经所在单位批准，可开展多点教学并获得报酬"②。2014年，国家卫计委印发了《关于印发推进和规范医师多点执业的若干意见的通知》（国卫医发〔2014〕86号），指出"允

---

① 国家统计局住户调查办公室编《中国住户调查年鉴（2016）》，中国统计出版社，2016。

② 《中共中央办公厅 国务院办公厅印发〈关于实行以增加知识价值为导向分配政策的若干意见〉》，新华网，http://news.xinhuanet.com/politics/2016-11/07/c_1119867550.htm，2016年11月7日。

许临床、口腔和中医类别医师多点执业"，并明确医师多点执业的人事（劳动）关系和权利义务，要求多点执业医生要"按照国家有关规定参加社会保险"；执业医生"与拟多点执业的其他医疗机构分别签订劳务协议，鼓励通过补充保险或商业保险等方式提高医师的医疗、养老保障水平"。

按照国家的规定，科研人员、教师（中小学校教师除外）和医生可以兼职获得多份工资性收入。这有利于提高这些群体的收入水平，促进资源的公平分配。但这些政策没有明确说明兼职或多点执业的收入是否纳入社会保险缴纳基数。从文件中看出，这些政策只是明确了这些收入属于合法收入，并要求向单位备案兼职收入并依法缴纳个人所得税。但是，对于是否需要将这些收入纳入单位和个人的社会保险缴费基数，没有给予明确的说明。社会保险法第十二条规定："用人单位应当按照国家规定的本单位职工工资总额的比例缴纳基本养老保险费，记入基本养老保险统筹基金。职工应当按照国家规定的本人工资的比例缴纳基本养老保险费，记入个人账户。"从社会保险法的规定看，社会保险费是按照工资性收入作为单位和个人缴纳社会保险费的基数，毫无疑问，医生多点执业的收入、教师和科研人员的兼职收入，应该被纳入其社会保险费缴费基数范围，但是如何申报和缴纳，社保经办机构在单位申报缴费环节很难实施。

五　科技进步和新业态的崛起，对社保缴费公平性的影响

一是不同类型企业成本和负担问题。以腾讯公司为例[1]，2004年到2011年，腾讯公司的净利润由4.4亿元增加到120亿元，增加了约26倍。在这高利润的背后，是其生产方式的不同。如在腾讯的QQ

---

[1]　历年上市公司年报。中证网：http://www.cs.com.cn/ssgs/gszt/120724_57040/。

空间里，一个独特的应用软件小工具的设计可能只需要一个或者几个程序员花费几天时间就能完成，一旦设计通过测试，这个工具可以反复复制，复制成本几乎为零，如果卖 1 个为 10 元人民币，卖 100 万个就是 1000 万元。2015 年 QQ 的用户超过 2 个亿，微信用户超过 4 个亿。由于产品是虚拟的，销售是电子记账收费，工具不需要重新制造，所以，腾讯卖 1 个工具和卖 1 万个工具在成本上几乎没有差别，但收入有天壤之别。腾讯的虚拟衣服、虚拟装饰、虚拟家具等，都是如此。这就造成了其利润收入和成本投入之间的关系非常弱，盈利赚钱能力非常高。而这背后是腾讯只为几个程序员参加社会保险，缴纳极少的社保费。金融服务业的收入与投入关系和腾讯也很类似，一些在"互联网＋"模式下运行的企业，也有类似的状况。与此形成鲜明对比的是劳动密集型产业，其产出的产品数量与其成本的投入密切关联。由此导致不同产业、不同行业畸轻畸重的社会保险缴费负担问题。这可以解释，企业成本高，社保缴费负担重，但并不是所有的企业都是如此，应当有针对性地分析。

二是"机器换人"的影响。一些企业为了提高劳动生产率，降低劳动力成本，采取用机器人代替人工的做法。根据我们对浙江、山东、陕西、广东等多家制造业企业的调研，推行"机器换人"逐渐成为一些企业的潮流。甚至一些企业只要能用机器替换人工操作的，基本上都换成了机器。以广东省深圳市的一家企业为例，这家企业的手机主板测试业务占到企业业务环节的很大一部分，原先是需要几十个人操作的工作，现在只需要 1 个技术人员操作 5 台机器就足够了。其结果是，企业的劳动力工资成本降低了，利润增加了。而这些企业承担的社会保险费责任大大降低了，因为社会保险缴费是以人头计征，并不包括机器人。企业采取"机器换人"不但无可厚非，而且是需要鼓励和支持的，毕竟劳动生产率的提高是根本。但问题是，企业获得了较高的劳动生产率和利润，是否应该缴纳更多的社会保险费，这需要进行深入研究。

第二节　工资口径对社会保险缴费和待遇的影响

一　关于社平工资和岗平工资

根据现行统计制度，职工平均工资又称"社会平均工资"（以下简称社平工资），它等于某一地区一定时期内（通常为 1 年）全部职工工资总额除以同期内的平均职工人数，该指标反映一个地区全部职工平均工资收入情况；在岗职工平均工资（以下简称岗平工资），即指城镇单位在岗职工工资，其统计范围包括国有单位、城镇集体单位、联营经济、股份制经济、外商投资经济、港澳台投资经济单位，尚未包括城镇的私营企业和个体工商户。而工资总额则是指这些单位在一定时期内直接支付给本单位全部职工的劳动报酬总额，包括计时工资、计件工资、奖金、津贴和补贴、加班加点工资、特殊情况下支付的工资，不论是否计入成本，也不论是以货币形式还是以实物形式支付，均包括在内。可见，岗平工资由国家统计局公布，统计口径为国有企业、全民所有制和集体所有制企业、党政机关、事业单位、社会团队等工作人员的平均劳动报酬。平均缴费工资由人力资源和社会保障部门社会保险经办机构掌握，统计口径为所有参保人员（包括个体工商户和灵活就业人员）实际缴费工资的平均值。1997 年统一企业职工基本养老保险制度以来，职工平均工资（现统计指标为岗平工资）一直作为养老保险缴费和待遇计发的主要参数，机关事业单位养老保险制度改革亦是如此。

二 岗平工资在缴费和待遇计发中的作用

1. 在缴费环节的作用

一是核定个人缴费上下限的依据。缴费人员一般按上年个人实际工资收入缴费，当个人实际工资收入低于上年岗平工资60%或高于上年岗平工资300%时，以岗平工资的60%或300%缴费。这一规定主要体现养老保险的再分配功能。对于单位缴费，存在两种情况，部分省份单位缴费基数为个人缴费工资之和，还有部分省份的单位缴费以工资总额为基数。总之，单位缴费也会受岗平工资的影响。

二是计算个人缴费指数的依据。个人平均缴费指数也是计算退休时基本养老金的主要参数。缴费指数在缴费环节产生：某年个人实际缴费指数等于当年个人缴费工资除以上年岗平工资，个人缴费越高，指数越大，体现多缴多得。个人平均缴费指数是指在退休时将个人每一年的缴费指数相加后的算术平均值。

2. 在待遇计发环节的作用

按照我国现行的养老保险制度规定，基本养老金由基础养老金和个人账户养老金组成，"中人"加发过渡性养老金。计算公式如下：

新人基本养老金＝基础养老金＋个人账户养老金

中人基本养老金＝基础养老金＋过渡性养老金＋个人账户养老金

其中：

基础养老金＝退休时当地上年度岗平工资×（1＋本人平均缴费指数）÷2×

缴费年限（含视同年限，下同）×1%

过渡性养老金＝退休时当地上年度岗平工资×视同缴费指数×

视同缴费年限×过渡系数

（各地过渡系数在1.0和1.4之间，本文测算中选择大部分省份采用的1.3）

个人账户养老金 = 退休时本人个人账户累计存储额 ÷ 计发月数

由计发公式可以看出，岗平工资是计算基础养老金和过渡性养老金的计发基数，对基础养老金和过渡性养老金水平的高低有着决定性的影响。

由此看出，用什么样的工资作为缴费和待遇计发的基数，对基本养老保险基金的收支和退休后个人养老金水平的高低有着决定性的影响。据测算分析，如果在待遇计发环节用平均缴费工资取代岗平工资，则对计发基数和缴费指数都有影响，对个人养老金影响较大。假设：一个参保缴费 35 年、缴费指数为 0.6、1.0、2.0 的男性"新人"，在将岗平工资调整为以平均缴费工资计发养老金后，其目标替代率将由 42.5%、59.2%、100.8% 下降为 34.1%、48.7% 和 85.1%，分别下降了 8.4、10.5 和 15.7 个百分点。视同缴费 15 年、实际缴费 20 年、缴费指数为 0.6、1.0、2.0 的男性"中人"，在调整为以平均缴费工资计发养老金后，其目标替代率将由 58.8%、68.3%、92.1% 下降为 43.6%、52.0% 和 72.8%，分别下降了 15.2、16.3 和 19.3 个百分点。主要原因，一是由于平均缴费工资低于岗平工资，基础养老金和过渡性养老金均会受到计发基数减少的影响。二是个人平均缴费指数在计算时用大口径做分母（岗平工资），计发待遇时用小口径做分子（平均缴费工资），相当于缴费指数"缩水"了，基础养老金必然减少，类似于"大斗进、小斗出"。岗平工资和平均缴费工资的差额越大，本人平均缴费工资指数越大，目标替代率下降的幅度也越大。

如果在缴费和计发环节均将岗平工资改为平均缴费工资，并改变指数计算方法（相当于放大指数），则退休时计发的基础养老金和"中人"的过渡性养老金会受计发基数减少的影响。据测算，缴费 35 年的"新人"，待遇将由 59.2% 下降为 53.9%，下降了 5.3 个百分

点；视同缴费 15 年、实际缴费 20 年的男性典型"中人"，待遇将由
68.3% 下降为 55.0%，下降了 13.3 个百分点。总体上下降的幅度低
于"大斗进、小斗出"。

据统计[①]，近十年全国企业参保人员平均缴费工资相当于全国岗
平工资的比例由 2005 年的 77% 下降到近几年的 70% 左右。主要原
因，一是岗平工资统计口径未包括乡镇企业、私营企业从业人员，而
这部分人员都在参保覆盖范围内，且大多收入较低。以 2015 年为例，
全国在岗职工年平均工资为 63241 元，私营单位就业人员年平均工资
为 39589 元，仅相当于岗平工资的 62.6%。二是岗平工资不包括下岗
和内退人员，也不包括个体工商户和灵活就业人员，这些人员都属于
参保人员，收入较低或无工资收入，大多数按岗平工资的 60% 缴费，
拉低了平均缴费工资。三是缴费工资有 60% 到 300% 的上下限，对高
收入群体有"削峰"作用。从现实情况看，未来平均缴费工资等于或
高于岗平工资几无可能。

因此，调整缴费基数计算口径和养老保险待遇计发依据的工资必
须审慎决策。更现实更可操作的选择是使岗平工资更加贴近实际，缩
小缴费工资与岗平工资的差距，避免因政策频繁调整破坏参保人员的
心理预期和制度的公信力。

第三节　企业社会保险缴费水平的争议

国内对于社保缴费负担问题的研究主要集中在以下几个方面。一
是部分学者对现行社保缴费制度进行研究。他们认为我国目前的社会
保险制度设计在公平合理性上有所欠缺。[②] 二是对如何减轻企业社保

---

① 见人力资源和社会保障部社会保险事业管理中心《中国社会保险发展年度报告 2016》。
② 邓沛琦：《养老社会保险费负担公平性问题探析》，《当代经济》2010 年第 1 期。

缴费负担、建立公平合理的缴费机制的研究。建议制定相对灵活的缴费标准，逐步实行有差别的社保缴费制度；适时调整缴费工资基数，探索实行以职工工资和企业利润为缴费基数的双基数征缴制；鼓励劳动以外的其他要素合理承担社保成本；确定合理适度的基本养老金替代率。三是从目前研究成果看，其研究存在的局限性主要表现在：目前理论界对企业社保缴费负担较重的看法比较一致，但对于企业能够承受的缴费水平的合理区间的研究结论存在一些差异。大多数实证研究都是使用国有工业企业的数据，研究结论不具有普遍性，对具体行业的社保缴费负担还缺乏系统深入的研究；在缴费基数问题上对于如何调整社平工资的统计口径、如何改进和调整缴费基数使其更符合企业和职工实际等方面的研究还没有完全展开，具有可操作性的建议较为欠缺；关于社保费率水平问题的研究大多集中于现行制度模式下的精算平衡，较少将社保费率问题置于收入分配的大环境下进行研究；另外，有少数学者利用生命周期理论对职工的缴费负担问题进行了一些分析，但在国家、企业、个人在社会保险费中应负担的责任、结构及水平等方面，还没有更为深入系统的研究。

第四节　国家或地区的养老保险缴费借鉴

由于各个国家历史条件不同、经济发展水平不同及建立社会保险制度的价值取向不同，每个国家的社会保险制度（养老为主）在缴费水平和负担上表现出明显差异。

一　养老保险费率方面

基于制度设计及机制的差别，各国强制性养老保险缴费费率也差距较大。2015 年，选定的 24 个国家养老保险总费率平均值为

20.08%，中位数为 22.00%。其中，新加坡养老保险总费率最高，为 37.00%；爱尔兰养老保险总费率最低，为 8.25%（见表 2 - 4）。发展中国家中，养老保险总费率最高的国家为印度、巴西和波兰，最低的国家为墨西哥、智利和越南。

从费率结构看，选定的 24 个国家雇主缴费率平均值为 11.94%，高于个人缴费率 8.14% 的平均水平，雇主与雇员费率比大约为 1.5∶1。其中，意大利雇主缴费率最高，为 23.81%；智利雇主缴费率最低，为 1.26%。新加坡个人缴费率最高，为 20.00%；澳大利亚和俄罗斯个人均不缴费。

从雇主和个人缴费率差异看，选定的 24 个国家中，16 个国家的雇主缴费率高于个人缴费率，美国、日本和德国等 5 个国家雇主和个人缴费率相等，仅新加坡、荷兰和智利 3 个国家的雇主缴费率低于个人缴费率。俄罗斯雇主缴费率较个人缴费率高 22.00 个百分点，荷兰雇主缴费率较个人缴费率低 12.80 个百分点，雇主和个人缴费率差异最大。

从国家类型看，发达国家雇主缴费率平均值为 11.01%，低于发展中国家 13.80% 的平均水平；而个人缴费率平均值为 8.31%，却高于发展中国家 7.81% 的平均水平。发达国家雇主缴费率平均值较个人缴费率高 2.70 个百分点，低于发展中国家 5.99 个百分点的平均水平。可见，发展中国家雇主缴费率更高，个人缴费率较低。

从社保缴费机制看，社会福利型国家如英国、加拿大、澳大利亚，用于养老金缴费的总费率基本维持在 9% ~ 15%，处于相对较低的水平；社会保险型国家如美国、日本、韩国、德国养老缴费率维持在 9% ~ 20%，略高于社会福利型国家平均值。而对于纯积累型社保国家，智利和新加坡养老保险总费率分别为 11.26% 和 37%，差别较大（见表 2 - 4）。

表 2-4 2015 年部分国家养老保险费率概况

国家	个人缴费率（%）	雇主缴费率（%）	养老保险总费率（%）
美国	6.20	6.20	12.40
巴西	8.00	20.00	28.00
加拿大	4.95	4.95	9.90
智利	10.00	1.26	11.26
墨西哥	1.75	6.90	8.65
澳大利亚	0.00	9.50	9.50
印度	12.00	16.50	28.50
日本	8.74	8.74	17.47
马来西亚	11.50	13.50	25.00
新加坡	20.00	17.00	37.00
韩国	4.50	4.50	9.00
越南	8.00	14.00	22.00
比利时	7.50	8.86	16.36
芬兰	5.55	17.75	23.30
法国	10.05	14.70	24.75
德国	9.45	9.45	18.90
爱尔兰	4.00	4.25	8.25
意大利	9.19	23.81	33.00
荷兰	18.50	5.70	24.20
挪威	8.20	14.10	22.30
波兰	11.26	16.26	27.52
俄罗斯	0.00	22.00	22.00
瑞典	7.00	15.73	22.73
英国*	9.05	11.90	20.95（14.5）

* 英国保险费率中实际用于养老保险的费率约为 14.5%。

资料来源：OECD 全球养老金概览；人社部国际交流服务中心国际快讯专报第 2016 年第 3 期。

二　养老保险费率调整情况

以 OECD 国家为例，养老保险缴费总费率的平均值在 1994 年至 2015 年间整体呈下降趋势（见表 2 - 5），由 1994 年的 19.90% 降至 2015 年的 19.10%，下降 0.80 个百分点，峰值为 1999 年的 20.30%。荷兰下降 8.90 个百分点，降幅最大；比利时下降 0.04 个百分点，降幅最小。

表 2 - 5　1994～2015 年不同国家养老保险缴费总费率变化情况

单位：%

国家	1994 年	1999 年	2004 年	2007 年	2009 年	2015 年
奥地利	22.80	22.80	22.80	22.80	22.80	22.80
比利时	16.40	16.40	16.40	16.40	16.40	16.36
加拿大	5.20	7.70	9.90	9.90	9.90	9.90
捷克	26.90	26.00	28.00	32.50	28.00	28.00
芬兰	18.60	21.50	21.40	20.90	21.60	23.30
法国	21.50	24.00	24.00	16.70	16.70	24.75
德国	19.20	19.70	19.50	19.90	19.90	18.90
希腊	20.00	20.00	20.00	20.00	20.00	20.00
匈牙利	30.50	30.00	26.50	29.50	33.50	35.50
意大利	28.30	32.70	32.70	32.70	32.70	33.00
日本	16.50	7.40	13.90	14.60	15.40	17.50
韩国	6.00	9.00	9.00	9.00	9.00	9.00
卢森堡	16.00	16.00	16.00	16.00	16.00	16.00
荷兰	33.10	37.70	28.10	17.90	17.90	24.20
波兰	—	32.50	32.50	19.50	19.50	27.52
斯洛伐克	28.50	27.50	26.00	24.00	18.00	27.00
西班牙	29.30	28.30	28.30	28.30	28.30	28.30
瑞典	19.10	15.10	18.90	18.90	18.90	22.73
土耳其	20.00	20.00	20.00	20.00	20.00	20.00

国家	1994 年	1999 年	2004 年	2007 年	2009 年	2015 年
美国	12.40	12.40	12.40	12.40	12.40	12.40
OECD 平均	19.90	20.30	20.00	19.80	19.60	19.10

资料来源：2007～2015 年 OECD & G20 Countries 的 *Pensions at Glance*。

三　养老保险费率改革发展趋势

根据 OECD 发布的《2015 年养老金概览》报告，近几年来，停滞的经济增长和日益增多的政府债务是养老金缴费改革的最重要的原因。很多 OECD 国家因大面积出现的政府债务水平增加，从而加快了养老金改革的进程。主要的措施包括延长退休年龄、扩大缴费基数、提高养老金税收或缴费比例。澳大利亚从 2014 年 7 月起将强制性 DC 缴费率由原来的 9% 提高到 9.5%，且该缴费率将维持到 2021 年，并预计将于 2025 年 7 月达到 12%。加拿大魁北克养老金计划提出，2013 年该省养老金缴费率将提高到 10.2%，2014 年提高到 10.35%，2015 年提高到 10.5%。芬兰自 2008 年以来，因金融危机冲击以及自身的结构性问题，经济复苏乏力，GDP 连续 3 年负增长，同时人口老龄化进一步加剧。芬兰政府于 2013 年 8 月出台结构改革方案，其中调整养老金贡献率是重要的改革内容。方案中缴费型养老金贡献率将在目前 23.6% 的基础上到 2016 年略微下调，但在 2016 年至 2019 年期间将上升至 24.4%。[①] 法国养老金缴费率将于 2017 年前分别提高雇主和雇员 0.3 个百分点，其中，2014 年提高 0.15%，2015 年到 2017 年每年提高 0.05%。

四　国际社保缴费负担水平情况

社会保障计划是有成本的。资金慷慨的社会保障计划要求政府提

---

① 《芬兰推动延迟退休和养老金制度改革取得成效》，《经济参考报》2014 年 12 月 5 日。

高社会保险税或费率来支撑，那么这些都是由企业和劳动者共同承担。研究表明，社会保障计划在国际竞争中任何正面的影响力都有可能被一个国家国内企业处于成本不利状态的负面影响力所抵消①。对于企业而言，给职工缴纳的社保费用是企业劳动力成本的一部分，如果过高会间接影响企业利润及竞争力。

各国（地区）的社会保险政策和福利支付管理在很大程度上影响了各国（地区）薪酬成本水平及结构。数据显示，2012 年各个国家企业的社会保险缴费相当于薪酬成本的 4% ~ 34% 不等，差别较大。其中，比利时、瑞典、巴西、墨西哥等国的社会保险支出占薪酬成本的比重均超过了 30%；匈牙利、韩国、希腊、意大利、美国、法国、荷兰、德国等国的社会保险支出占薪酬成本的比重介于 20% ~ 30% 间，而在瑞士、澳大利亚、爱尔兰、日本、英国、阿根廷、波兰等国，该比重大概维持在 10% ~ 20%。少数国家，如丹麦、新西兰、菲律宾等国的该比重仅占 10% 以下（见图 2 - 4）。

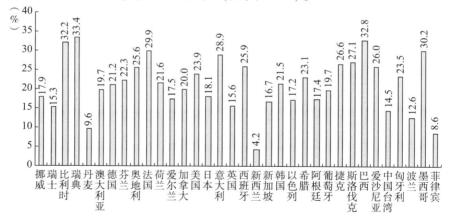

图 2 - 4　2012 年部分国家或地区企业的社会保险缴费占总薪酬的比例

资料来源：美国劳工统计局 2012 年国际劳动力成本比较，其中社保包含退休和伤残抚恤金、健康保险等社会保险支出。

---

①　陈之楚：《中国社会养老保障制度研究》，中国金融出版社，2010。

从绝对值看，比利时、瑞典的社保成本支出在 17 美元/小时附近，法国、挪威、奥地利相对略低，但也不低于 10 美元/小时。瑞士、澳大利亚、德国、芬兰、意大利等国社保成本基本在 8 ~ 10 美元/小时，也远高于匈牙利、波兰、葡萄牙等国的小时社保成本绝对值（见表2 - 6）。

表 2 - 6　2012 年部分国家或地区制造业小时薪酬成本水平比较

单位：美元

国家（地区）	小时薪酬成本				
	总成本	社保	直接支付部分		
			总额	直接支付的福利	支付实际工时内的工资
挪威	63.36	11.33	52.03	NA	NA
瑞士	57.79	8.85	48.95	10.75	38.19
比利时	52.19	16.79	35.40	10.54	24.86
瑞典	49.80	16.61	33.20	5.17	28.03
丹麦	48.47	4.67	43.80	7.26	36.54
澳大利亚	47.68	9.39	38.29	4.55	33.73
德国	45.79	9.73	36.07	9.62	26.45
芬兰	42.60	9.50	33.10	8.07	25.03
奥地利	41.53	10.65	30.88	8.91	21.96
法国	39.81	11.92	27.89	7.38	20.51
荷兰	39.62	8.56	31.06	8.40	22.66
爱尔兰	38.17	6.68	31.50	5.71	25.78
加拿大	36.59	7.30	29.30	3.62	25.68
美国	35.67	8.51	27.15	3.22	23.93
日本	35.34	6.40	28.94	8.83	20.11

国家 （地区）	小时薪酬成本				
	总成本	社保	直接支付部分		
			总额	直接支付 的福利	支付实际工时 内的工资
意大利	34.18	9.89	24.29	4.98	19.31
英国	31.23	4.86	26.37	4.11	22.27
西班牙	26.83	6.95	19.89	5.22	14.67
新西兰	24.77	1.05	23.72	2.85	20.87
新加坡	24.16	4.03	20.13	4.42	15.71
韩国	20.72	4.45	16.27	NA	NA
以色列	20.14	3.47	16.67	1.45	15.22
希腊	19.41	4.48	14.93	3.64	11.29
阿根廷	18.87	3.29	15.58	2.64	12.94
葡萄牙	12.10	2.38	9.72	2.33	7.39
捷克	11.95	3.18	8.77	1.54	7.23
斯洛伐克	11.30	3.06	8.23	2.11	6.12
巴西	11.20	3.67	7.53	1.58	5.95
爱沙尼亚	10.41	2.71	7.69	0.94	6.75
中国台湾	9.46	1.37	8.08	NA	NA
匈牙利	8.95	2.10	6.84	1.77	5.08
波兰	8.25	1.04	7.21	2.12	5.09

资料来源：美国劳工统计局 2012 年国际劳动力成本比较，其中社保包含退休和伤残抚恤金、健康保险等社会保险支出。

第三章
我国部分企业社会保险缴费水平实证

本实证研究资料和数据主要来自以下几个方面。一是人力资源和社会保障部部分地区的薪酬调查，以及行业劳动力成本信息数据。二是部分地区、行业和企业的微观调研数据，主要包括北京市历年部分企业劳动力成本数据，广东省历年企业薪酬调查分析报告及劳动力成本信息，浙江省、山东省、陕西省部分行业薪酬调查及劳动力成本情况等。三是人力资源和社会保障部金保工程数据库中部分行业和类别，及其职工的社会保险缴费基数数据。另外，笔者还参阅了国家统计局有关的历年中国统计年鉴、中国住户调查年鉴、中国工业企业统计年鉴、中国贸易外经统计年鉴等。四是工业和信息化部中小企业发展促进中心发布的《2016 年全国企业负担调查评价报告》等。

第一节　指标体系

从收入分配角度考察社会保险的缴费水平，需要确定一套指标。综合国外和国内企业成本情况，笔者提出使用如下几个指标分析我国企业社会保险缴费水平。

（1）单位社保缴费占劳动力成本比重：该指标反映了单位缴纳法定社会保险的总量水平。由于不同企业职工人数不同、劳动力成本费用不同、劳动力成本中不同项目的比重不同，社保缴费占劳动力成本指标可以用来反映企业缴纳社会保险费水平的高低。计算公式为：

单位社保缴费占劳动力成本比例＝企业年缴纳社会保险费总额/
同期企业劳动力成本总额×100%

（2）劳动分配率：劳动分配率表示企业在一定时期内新创造的价值中有多少用于支付劳动力成本。它反映分配关系和劳动力成本要素的投入产出关系。可以用来说明劳动力成本在同一企业在不同年度劳动分配率比较和在同一行业不同企业之间劳动分配率比较相对水平的高低。劳动分配率计算公式为：

劳动分配率＝劳动力成本总额/增加值×100%

（3）人事费用率：人事费用率表示企业生产和销售的总价值中有多少用于劳动力成本支出。它表示企业职工人均收入与劳动生产率的比例关系、生产与分配的关系、劳动力成本要素的投入产出关系。人事费用率计算公式为：

人事费用率＝劳动力成本总额/销售收入×100%

（4）劳动力成本利润率：劳动力成本利润率是指企业投入的劳动力成本代价与企业最终获得的以利润表现的经济效益之间的关系。该指标表明，在企业新创造价值当中，从业人员直接和间接得到的全部报酬与企业利润之间的关系。在同行业企业中，劳动力成本利润率越高，表明单位劳动力成本支出所取得的经济效益越好，劳动力成本的相对水平越低。劳动力成本利润率计算公式为：

劳动力成本利润率＝利润总额/劳动力成本总额×100%

（5）劳动力成本占总成本的比重：该指标用于衡量企业有机构成高低和确定人工费用定额。由于各行业要素密集程度不同，因此，不同行业劳动力成本占总成本比重的差异很大。劳动力成本占总成本比重的计算公式为：

　　劳动力成本占总成本的比重＝劳动力成本总额／总成本×100％

（6）社会保险缴费占总成本的比重：该指标用于衡量企业社会保险缴费水平。由于各行业要素密集程度不同，因此，不同行业社会保险缴费占总成本的比重的差异很大。社会保险缴费占总成本的比重的计算公式为：

　　社会保险缴费占总成本的比重＝社会保险缴费总额／总成本×100％

需要指出的是，上述指标在不同时期、不同地区、不同行业的差距很大。因此，需要根据具体情况进行分析，不能仅凭某个地区、行业或者企业的指标值做出判断。

第二节　部分行业劳动力成本分析

（1）从建筑业[①]看，劳动报酬即工资是主要劳动力成本，社保费占劳动力成本的比重大致保持在6％的水平。

根据人力资源和社会保障部相关文件规定[②]，我国企业劳动力成本包括以下七项：从业人员劳动报酬、保险费用、福利费用、教育经费、劳动保护费用、住房费用和其他劳动力成本。表3－1列出了各项劳动力成本占总劳动力成本的比重。可以看出，2000年以来，劳动力成本中最大的部分是劳动者的劳动报酬，占人工总成本的80％以

[①] 本处所指的建筑业是指狭义的建筑业，即按照国家《国民经济行业分类》（GB/T 4754 - 2002）分类，专门从事土木工程、房屋建设和设备安装以及工程勘察设计工作的生产行业。属于国民经济核算体系中的第二产业。

[②] 2004年原劳动和社会保障部颁布的《关于建立行业人工成本信息指导制度的通知》（劳社部发〔2004〕30号）和2009年人社部下发的《关于开展完善企业在岗职工工资和人工成本调查探索企业薪酬调查方法试点的通知》（人社厅明电〔2009〕72号）等文件，对企业人工成本的构成有明确规定。

上，并且不断提高，由 2000 年的 81.3% 不断提高到 2013 年的
84.1%，而社会保险费成本占人工总成本的比例基本维持在 6% 以下
（见表 3 - 1）。

表 3 - 1　2000~2013 年我国建筑业企业劳动力成本各项占比

单位：%

年份	从业人员 劳动报酬	社会保险 费用	福利 费用	教育 费用	劳动保护 费用	住房 费用	其他劳动力成 本（工会经费）
2000	81.3	5.7	8.5	1.2	1.6	1.3	0.4
2001	81.6	5.4	8.5	1.2	1.6	1.3	0.4
2002	81.6	5.1	8.9	1.2	1.6	1.3	0.4
2003	81.7	4.4	9.4	1.2	1.6	1.3	0.4
2004	81.1	5.4	8.8	1.2	1.5	1.4	0.5
2005	81.6	5.5	8.6	1.2	1.6	1.2	0.4
2006	81.6	5.5	8.4	1.2	1.6	1.2	0.5
2007	82.3	5.5	7.7	1.2	1.6	1.2	0.5
2008	82.0	5.5	7.1	2.0	1.6	1.4	0.4
2009	82.5	5.5	6.4	2.1	1.6	1.5	0.4
2010	83.1	5.6	5.9	2.1	1.6	1.5	0.3
2011	83.3	5.9	0.0	2.2	1.7	1.3	0.3
2012	83.6	5.9	5.0	2.1	1.6	1.5	0.3
2013	84.1	5.9	4.4	2.1	1.6	1.5	0.4

资料来源：根据人力资源和社会保障部的薪酬调查及行业劳动力成本信息数据等资
料整理。

工业和信息化部中小企业发展促进中心发布的《2016 年全国企
业负担调查评价报告》也证实了这一点。该调查评估报告认为，我国
中小微企业劳动力成本高主要是劳动工资报酬居高不下，并且连年增

长。笔者在对山东、广东、浙江和陕西省部分企业的调查结果也说明，目前企业面临"不涨工资，招不来人；工资涨上去，企业吃不消""降成本，劳动报酬成本降低难"的问题。浙江省杭州市和宁波市、陕西省西安市和山东省济南市的企业普遍反映：企业招工劳动报酬上涨迅速，对企业构成较大压力，即使在近几年企业效益不理想的情况下，招用工人的劳动报酬依然年年上涨，尽管企业面临亏损，但还是要每年都涨工资。在杭州和济南，企业招用的普通工人月薪都在4000元左右，熟练技术工月薪至少6000元，大多数还要包吃包住。位于中部地区的西安也是如此。西安比亚迪汽车有限公司员工平均工资每月要4000元左右。技术工人的工资上涨更快。西安中车集团公司负责人介绍，公司技术工人月收入普遍在6000元以上，优秀的电焊工要上万元。大多数企业人力资源部负责人认为，员工工资增长是正常的，但近几年涨得太快了，即使企业不太景气、经营困难，如果不给工人涨工资，也面临的是员工走人。

劳动报酬的增加使中小微企业更是不堪重负。为了满足用工需求，民营企业往往要开出更高的工资。陕西一家民营企业人力资源部负责人说，"在西安招人，国企可能每月给3000多元工资，就可以招到人，但民营企业，这个月薪就招不到，一般要高出20%左右。"

劳动力成本高的主要原因在于城镇生活成本的快速上升。其中，最主要的是房价的上涨。不论买房还是租房，房价连年上涨，有些城市甚至成倍增长。因此，笔者认为，我国企业劳动力成本的提高与土地成本的上升导致的楼市价格上涨直接有关。这几年我国一、二线城市的房价快速上升，由此快速提高了劳动者在城市的生存成本，很多就业者做出的选择是，要么在城市工作，需要较高的工资收入才能维持生存，要么离开大中城市。但他们回到中小城市会面临就业困难等。

（2）从建筑业社会保险费占总成本的比重看，社会保险缴费占企业总成本的比例也较低。根据我们的研究，自2000年以来，建筑业缴纳的社会保险费用占企业总成本的比例不超过1%（见表3-2）。

表3-2　2000～2013年我国建筑业企业劳动力成本占总成本费用比重情况

单位：亿元，%

年份	总成本	劳动力成本总额	劳动力成本总额占总成本比重	社会保险费用	社保费占总成本比重
2000	10927.6	1883.1	17.2	108.2	0.99
2001	13780.9	2203.6	16.0	119.6	0.87
2002	16775.0	2515.7	15.0	128.0	0.76
2003	20758.7	3205.8	15.4	140.6	0.68
2004	26437.6	3896.0	14.7	211.9	0.80
2005	31132.0	4624.2	14.9	253.1	0.81
2006	37560.4	5351.8	14.2	293.2	0.78
2007	46139.4	6529.2	14.2	360.7	0.78
2008	56269.6	9151.5	16.3	503.3	0.89
2009	70105.7	9881.2	14.1	547.0	0.78
2010	86876.2	12096.9	13.9	674.4	0.78
2011	103970.2	14125.4	13.6	789.3	0.76
2012	121017.9	17601.4	14.5	1030.1	0.85
2013	141165.0	22797.7	16.1	1342.2	0.95

资料来源：根据人力资源和社会保障部的薪酬调查及行业劳动力成本信息数据等资料整理。

社会保险费占企业总成本的比例从2000年后趋于下降，特别是在2009年、2010年和2011年我国社会保险法出台实施前后，在各级政府对社会保险依法扩面征缴力度不断加大的形势下，建筑业社会保险缴费占企业总成本的比例仍然一直在0.8%以下。对于社会保险成本高的观点，难以有数据和实践上的支撑。

（3）从微观层面分析，一些媒体和群众把住房公积金等职工福利费用也计入社会保险费，进一步营造了社会保险费用高的假象。以陕西省某国有企业为例，该公司 2015 年为职工缴纳的社会保险和社会福利费用如下：五项社会保险费用总计为 7366 万元，总费率为 28.2%；企业年金、住房公积金和单位补充医疗保险为 12%，累计缴费为 2770 万元。补充保险和社会福利占到法定社会保险的 37.6%。目前社会上有一些误解，把住房公积金、单位自愿建立的补充保险和其他社会福利费用也一并计算在法定的社会保险费中，人为地抬高了社会保险缴费水平。

（4）建筑业人事费用率降低，说明企业收入在增加。人事费用率[①]是企业劳动力成本占企业销售收入（建筑业企业以总收入指标代替）的比重。其计算公式为：人事费用率 = 一定时期内劳动力成本总额/同期销售（经营）收入总额 ×100%。作为分析劳动力成本的一个重要指标，它表示取得每百元销售收入所投入的劳动力成本的多少。从理论上讲人事费用率应该是越低越好。表 3 - 3 和图 3 - 1 表明，自 2000 年至 2013 年以来，建筑业企业人事费用率呈现下降的趋势，表明劳动力成本在下降，企业收入在增加。

表 3 - 3　2000 ~ 2013 年我国建筑业企业人事费用率情况

单位：% ，亿元

年份	人事费用率 （劳动力成本总额/总收入）	劳动力成本 总额	总收入
2000	16.4	1883.1	11506.8
2001	15.1	2203.6	14574.3
2002	14.2	2515.7	17744.8

---

① 孙玉梅、王学力、钱诚等：《重点行业人工成本实证分析及国际比较》，中国劳动保障出版社，2014。

续表

年份	人事费用率 （劳动力成本总额/总收入）	劳动力成本 总额	总收入
2003	14.5	3205.8	22037.3
2004	13.9	3896.0	28093.0
2005	13.9	4624.2	33198.5
2006	13.3	5351.8	40155.0
2007	13.2	6529.2	49414.8
2008	15.1	9151.5	60736.4
2009	13.1	9881.2	75478.1
2010	12.9	12096.9	93636.6
2011	12.6	14125.4	112002.8
2012	13.5	17601.4	130182.9
2013	15.0	22797.7	152466.1

资料来源：根据人力资源和社会保障部的薪酬调查及行业劳动力成本信息数据等资料整理。

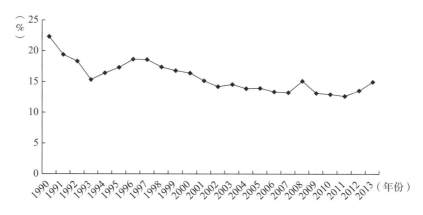

图 3-1　1990～2013 年我国建筑业企业人事费用率情况

资料来源：根据人力资源和社会保障部的薪酬调查及行业劳动力成本信息数据等资料整理。

（5）建筑业劳动力成本利润率逐年提高。劳动力成本利润率[①]是指劳动力成本总额与利润总额的比率，它反映了企业劳动力成本投入的获利水平。其计算公式为：劳动力成本利润率 = 一定时期内企业利润总额/同期企业劳动力成本总额×100%。该指标表明，在企业新创造价值当中，从业人员直接和间接得到的全部报酬与企业利润之间的关系。在同行业企业中，劳动力成本利润率越高，表明单位劳动力成本取得的经济效益越好，劳动力成本的相对水平越低。对企业主管部门来讲，劳动力成本利润率的变动趋势，基本可以说明企业经营状况的变动趋势。从表3-4和图3-2发现，自2000年以来，我国建筑业的劳动力成本利润率由2000年的10.20%提高到2013年的26.67%。这一指标说明，我国建筑业企业单位劳动力成本取得的经济效益越来越好。

表3-4　2000~2013年我国建筑业企业劳动力成本利润率情况

单位：%，亿元

年份	劳动力成本利润率	劳动力成本总额	利润总额
2000	10.20	1883.1	192.1
2001	13.36	2203.6	294.4
2002	14.72	2515.7	370.4
2003	16.22	3205.8	519.9
2004	18.46	3896.0	719.2
2005	19.61	4624.2	906.7
2006	22.29	5351.8	1193.1
2007	23.91	6529.2	1561.1

---

① 孙玉梅、王学力、钱诚等：《重点行业人工成本实证分析及国际比较》，中国劳动保障出版社，2014。

续表

年份	劳动力成本利润率	劳动力成本总额	利润总额
2008	24.06	9151.5	2201.8
2009	27.51	9881.2	2718.8
2010	28.18	12096.9	3409.1
2011	29.51	14125.4	4168.2
2012	27.14	17601.4	4776.1
2013	26.67	22797.7	6079.3

资料来源：根据人力资源和社会保障部的薪酬调查及行业劳动力成本信息数据等资料整理。

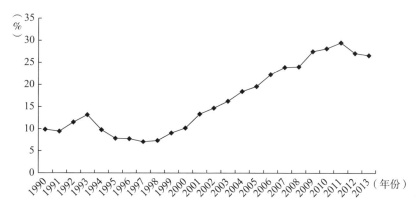

图 3-2 1990~2013 年我国建筑业企业劳动力成本利润率走势图示

资料来源：根据人力资源和社会保障部的薪酬调查及行业劳动力成本信息数据等资料整理。

从制造业和零售业的数据统计情况看，其基本情况和建筑业类似。因此可以得出，建筑业、制造业和零售业单位人员工资上涨是推高劳动力成本的主要原因。课题组的调查显示，2010年以来这些行业很少有企业出现工资下降的情况，并且出现了中西部地区普通工种的工人工资涨幅快于沿海地区的情况。如四川省2010年企业工资上涨超过 15% 的有 32.7%，湖北省达到 25.2%，吉林省为 23.6%。而东部发达的广东省只有 8% 的企业工资涨幅超过 20%，江苏省企业工资涨幅超过 15% 的只占 20%。

第三节　劳动报酬占比与社会保险缴费

根据我国收入分配和社保缴费现状，劳动报酬在初次分配中总体占比较低，拉低了社会保险缴费水平，并且低收入人群承担了较高的社会保险缴费。

一是尽管我国职工工资收入增长较快，但职工工资收入总体偏低，社会保险费以职工工资收入作为缴纳基数，实际上拉低了社会保险的缴费水平。劳动报酬的多少与社会保险的缴费基数直接相关，国民收入初次分配中的劳资分配比例也就直接影响社会保险缴费。近年来，我国劳动报酬在国民收入中所占比重不断下降，从根据资金流量表数据计算的劳动者报酬占增加值比重[①]可以看出，我国劳动者报酬占比较低，这导致职工缴纳社会保险费的绝对额较高。劳动者报酬占增加值比重在 2010 年为 47.5%，2011 年下降到 47.0%，尽管 2012 年有所提高，达到 49.4%，但劳动者报酬占比仍处于较低水平（见表 3-5）。

表 3-5　2005~2012 年我国劳动者报酬占增加值的比重变化情况

年份	劳动者报酬增加值比重（%）
2005	50.4
2006	49.2

[①]　见人力资源和社会保障部劳动工资研究所的《"十三五"企业工资收入分配制度改革总体思路研究报告》，2015 年 6 月。

续表

年份	劳动者报酬增加值比重（%）
2007	48.1
2008	47.9
2009	49.0
2010	47.5
2011	47.0
2012	49.4

资料来源：根据历年《中国统计年鉴》有关数据整理。

　　长期以来，我国经济的一个重要特征为资本偏向型和低劳动技能偏向型，依靠的是我国丰富的劳动力资源和人口红利所带来的低劳动成本比较优势，因此出现了改革开放 30 多年来劳动报酬增长与经济增长背离的情况。以改革开放最前沿的广东省为例[①]，经济总量从 1978 年的 185.85 亿元增长到 2014 年的 67809.85 亿元，按现值计算（以下同）增长了约 364 倍，年均增长 17.81%；而同期居民初次分配所得的劳动报酬，则从 112.58 亿元增长到 32361.55 亿元，增长了约 286 倍，年均增长 17.03%。劳动报酬增长低于经济增长 0.78 个百分点。劳动报酬在国民收入初次分配中的比重下降得较为严重，广东省 1978 年劳动报酬占比为 60.58%，2014 年下降为 47.72%，下降了近 13 个百分点。就业人员劳动报酬的下降以及就业人员总体收入水平降低，导致就业人员缴纳社会保险费的绝对值偏高。而相对获得较高增加值分配比例的国家和企业，显然承担了相对较低的社会保险缴费。

　　我国劳动报酬占比与一些发达国家相比，差距也较大。广东省作

[①]　见课题组在广东省的调研报告。

为我国人均 GDP 率先达到中等发达国家水平的地区，以 2006 年为例，美国为 64%，澳大利亚为 59.6%，日本为 63.9%，与广东省经济总量大体相当的韩国为 52.6%。可见，当前广东省劳动报酬占比明显偏低，与其经济地位和经济发展本身的要求不符。从全国情况看，2013 年我国人均国内生产总值达到 41908 元，折合为美元人均大约达到 6800 美元左右。从人均 GDP 水平看，我国已经进入中高收入国家的行列。但从就业人员的工资水平国际标准看，我国水平还比较低，仍位于中低收入国家行列中。2013 年，我国制造业从业人员人均月工资大多在 2000~3000 元人民币，折合为小时工资在 2~3 美元（见表 3-6）。金砖国家中的巴西，2011 年小时工资已经达到 11.65 美元（见图 3-3），即使非洲的刚果，其制造业小时工资都达到了 4.71 美元。因此，我国普通劳动者的工资水平比较低。较低的收入主要用于当期的生活支出，尽管缴纳的社会保险费水平并不高，但由于就业人员的收入总量较低，低收入人群对社保缴费仍负担较重。

表 3-6　2013 年我国就业人员小时工资率折算

人员分类	年薪 （元/年）	月薪 （元/月）	小时工资率 （元/小时）	小时工资率 （美元/小时）
农民工	31308	2609.0	16.3	2.6
私营单位制造业就业人员	32035	2669.6	16.7	2.7
私营单位就业人员	32702	2725.5	17.0	2.8
城镇单位就业人员	51474	4289.5	26.8	4.4

注：汇率按 2014 年 9 月 19 日公布的现钞卖出价折算，汇率为 1:6.1538。
资料来源：2014 年《中国统计年鉴》。

　　二是从整个收入分配格局看，低收入人群社会保险费负担较高。据统计，2013 年外出农民工、私营企业就业人员月人均工资分别为

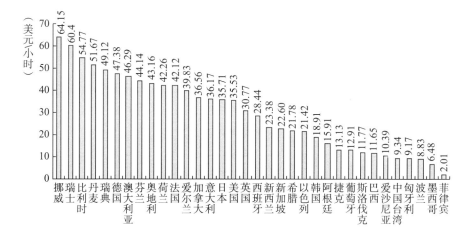

图 3 - 3 2011 年部分国家和地区就业人员的小时工资情况比较

资料来源：人力资源和社会保障部劳动工资研究所的《"十三五"企业工资收入分配制度改革总体思路研究报告》。

2609 元和 2726 元，相当于城镇单位就业人员的 60.8% 和 63.5%[①]。2013 年行业工资水平最低的农林牧渔业人均月工资 2152 元，大约相当于岗平工资的 50%（2013 年全国在岗职工社会年平均工资为 51483元）。也就是说，社会保险缴费基数按照岗平工资的 60% 缴纳，对于农民工等这些低收入人群就相当于其收入的近 100%，对于农林牧渔业来说就相当于其工资的近 120%（见表 3 - 7）。

表 3 - 7 **2008～2013 年城镇职工部分低收入群体及**
实际缴纳社保费水平情况

指标	2008 年	2009 年	2010 年	2011 年	2012 年	2013 年
城镇单位在岗职工工资（元/年）	29229	32736	37147	42452	47593	52388
私营单位就业人员平均工资（元/年）	17071	18199	20759	24556	28752	32706

① 根据国家统计局 2013 年《全国农民工检测调查报告》和 2014 年《中国统计年鉴》数据计算。

指标	2008 年	2009 年	2010 年	2011 年	2012 年	2013 年
私营单位就业人员平均工资相当于在岗职工工资比例（%）	58.40	55.60	55.90	57.80	60.40	62.40
农民工年平均工资（元/年）	16080	17004	20280	24588	27480	31308
农民工工资相当于城镇单位在岗职工工资水平比例（%）	55.0	51.9	54.6	57.9	57.7	59.8
社会保险实际缴费基数（元/年）	—	—	—	27204	30492	33463
私营单位就业人员平均工资相当于社保实际缴费基数比例（%）	—	—	—	90.27	94.29	97.74
农民工工资相当于社保实际缴费基数比例（%）	—	—	—	90.38	90.1	93.56
社会保险实际缴费相当于城镇单位在岗职工工资比例（%）	—	—	—	64.08	64.07	63.88

资料来源：根据历年《人力资源和社会保障部统计摘要》整理。

根据《人力资源和社会保障部统计摘要》，2011 年、2012 年和2013 年社会保险实际缴费基数分别为 27204 元、30492 元和33463 元（见表 3 - 7）。表面上看，社会保险缴费费率高达 30% ~ 40%，但数据显示，社会保险缴费存在虚高现象，也就是说，费率数字看起来的确不低，但实际的缴费并不高。并且有很多地区（如北京市等）已经将个人缴纳社会保险费的下限放低至 40%。如果按照实际的缴费水平，以 2013 年职工基本养老保险为例，单位费率也只有 12.6%，而不是 20%。

第四章
从工资收入分配视角观察社会
保险缴费和待遇水平

第一节　基本判断

根据上述分析和研究，从收入分配的整体视角研究我国的社会保险缴费水平问题，得出如下几点基本结论。

（1）在国民收入分配格局中，我国就业人员的收入水平总体偏低（劳动者报酬占增加值的比重不到 50%），增加值部分更多被国家和企业拿走。职工工资总体偏低，一方面拉低了社会保险缴费的整体水平，另一方面也导致大多数的中低收入者承担了较高的社会保险费用。

（2）社会保险缴费水平由两部分构成：费率和费基。按照社会保险法规定，职工社会保险的费基为单位工资总额和个人缴费工资。显然，在费率一定的情况下，费基的多少决定了社会保险费的缴费水平。社会保险的缴费水平不能只看费率，不看费基。从实践看，一直以来，我国社会保险的费基是盯着上年的社会平均工资。从金保工程的全国职工养老保险缴纳信息数据分析，实际上自 2000 年以来，每年的单位缴费基数和个人缴费基数占上年社会平均工资的比例逐年下降，已由 2000 年的 76% 逐年下降至 2014 年的 69%。

从 2015 年职工基本养老保险实际的缴费基金收入看，如按照上年的社会平均工资计算，其单位实际的费率为 12.6%[①]，远远低于 20% 或 19% 的水平。

（3）目前我国企业面临两难的尴尬局面，一方面是企业劳动力成本中职工劳动报酬增长较快，企业对高成本怨声载道。另一方面是职工劳动报酬整体偏低，也就是大多数的普通劳动者收入水平低，社会保险缴费水平也必然低。从建筑业、制造业和零售业的劳动力成本情况看，尽管企业整体负担重，但 2013 年企业缴纳的社会保险费占劳动力成本的比例大致平均在 5% 左右，而劳动力成本占企业总成本的比例未到 16%，因此，社会保险费占总成本的比例不到 1%。同时，企业劳动力成本中劳动报酬占比一直维持在 80% 以上。那么，企业的成本究竟高在哪里？从国家统计局公布的数据看，2011 年至 2014 年，我国规模以上制造业主营业务成本年均增速为 12.7%，明显高于制造业主营业务收入增速 12.2% 和制造业利润总额增速 6.5%。成本增加主要来自以下几个方面。

一是企业融资成本高。根据国家统计局数据，2014 年底，我国规模以上工业企业利息支出占主营业务收入比重约为 1.2%，比 2009 年底高出 50%。规模以上工业企业利息支出占主营业务利润收入比重也大幅提高，从 2010 年 8 月份的 6.47% 提高到 2015 年 9 月份的 9.2%，上升了 42.2%。据《全国小型微型企业发展情况报告》显示[②]，2013 年，在全国 1527.84 万户企业中，小型微型企业有 1169.87 万户，占比达 76.57%，而把个体工商户纳入统计后，小型微型企业占比达 94.15%。中小微型企业已经撑起了我国经济的半壁

[①] 根据 2015 年单位实际缴纳职工基本养老保险费额推算。

[②] 原国家工商总局全国小型微型企业发展报告课题组：《全国小型微型企业发展情况报告》，2014。

江山。但调研发现，中国工商银行、中国农业银行、中国银行和中国建设银行等金融机构的贷款政策，对小微企业的贷款利率是在基础利率基础上上浮了20%到30%。一些股份制银行，如中国民生银行的商贷通则是在基础利率基础上上浮达45%以上，华夏银行上浮40%，中国光大银行、浦东发展银行、福建兴业银行和招商银行则都在基础利率基础上上浮了30%。总之，我国的商业银行在对小微企业贷款时利率一般上浮30%到45%，还有各种手续费、承兑贴息、联保保证金、评估费、登记费、担保费、公证费、咨询服务费等费用累计在15%以上。世界银行发布的各国贷款年利率数据[①]显示，2013年我国一年期的银行贷款利率为6%，而美国是3.25%，日本只有1.3%，我国企业贷款利率过高。尽管融资成本高，但中小微企业从商业银行可获得贷款仍然很少，这导致大量中小微企业转向民间借贷。中国中小微企业发展指数报告显示，2013年民间借贷占小微企业负债总额的45.7%，已成为小微企业不可或缺的资金来源。但民间借贷进一步推升了企业融资成本。小贷公司、担保公司等民间借贷中介机构收取高昂手续费，并按贷款金额收取一定比例的保证金以控制风险，这造成企业还需要支付隐形融资成本。部分小微企业获得的第三方机构贷款基准利率甚至超过了同期贷款基准利率的4倍，融资成本占比甚至超过50%。高昂的融资成本，成为我国中小微企业沉重的成本负担。

二是税费成本总体上升。根据国家统计局数据，2014年包括企业应交增值税、企业所得税和主营业务税金及附加费在内的制造业税费成本占制造业主营业务收入的比重为5.74%。根据陕西省某企业财务数据，2015年该公司营业收入共计10.25亿元，职工人均年工资4.55万元。缴纳税费情况如表4－1和表4－2所示。

---

① 付碧莲：《中国企业债命门》，《国际金融报》2014年6月30日。

表 4-1 2015 年陕西省某企业实际缴纳各种社会保险情况

单位：%，万元

序号	项目	缴费比例		缴费金额		小计
		单位	个人	单位	个人	
1	养老	20	8	4936	1975	6911
2	失业	1	0.5	262	131	393
3	医疗	7	2	2040	583	2623
4	工伤	0.25	—	63	—	63
5	生育	0.25	—	65	—	65
6	企业年金	5	1	1208	248	1456
7	公积金	5	5	1084	1084	2168
8	补充医疗	2	—	478	—	478

资料来源：课题组陕西省调研报告。

表 4-2 2015 年陕西省某企业实际缴纳各种税费情况

单位：元

项目	金额
一、增值税：	
本年应交数	—
本年已交数	48842785.83
二、消费税：	
本年应交数	—
本年已交数	—
三、营业税：	
本年应交数	—
本年已交数	22428.00
四、资源税：	
本年应交数	—

续表

项目	金额
本年已交数	—
五、城建税:	
本年应交数	—
本年已交数	3420541.85
六、企业所得税:	
本年应交数	—
本年已交数	7841317.68
七、教育费附加:	
本年应交数	—
本年已交数	2443244.17
八、其他税费:	
本年应交数	—
本年已交数	5232079.14
一、本年应交税费总额	
二、本年实际上交税费总额	67802396.67

资料来源：课题组陕西省调研报告。

数据显示，2015 年该公司上缴各种税费约 6780 万元，占当年业务总收入的 6.6%，五项社会保险缴费总额为 7366 万元，占当年业务总收入的 7.2%。

三是土地、能源和物流等成本偏高。如土地成本，从全国主要城市土地出让价格监测数据看[1]，2008 年以来我国主要城市土地出让价格不断创出新高，年均增长 18% 以上。2015 年综合地价每平方米超过 4000 元。能源成本也不断攀升。尽管自 2009 年以来，受金融危机

---

[1] 2012～2015 年的《全国主要城市地价状况分析报告》。

影响，我国汽柴油价格走低，但从中国工业者燃料动力类购进价格指数看，我国制造业企业用电成本等能耗费用占主营业务收入比重依然较高。另外，我国企业物流费用率也分别比日本和美国企业物流成本占产品销售额比重高出 3.6 和 0.4 个百分点①。表 4-3 列出了 2015 年部分国家制造业的主要成本情况比较。

表 4-3　2015 年部分国家制造业的主要成本比较

	中国	美国	日本	越南
1. 劳动力成本（美元/小时）	3	36		
2. 土地成本（美元/平方米）	124	80	102	45
3. 能源成本				
工业用电（元/度）	0.53	0.5		0.36~0.62
天然气（元/立方米）	2.9	0.7		
4. 税金				
万元制造业产值税金（元）	400~500		230	
所得税税率（%）	15~25	8.84	9~15	
5. 融资成本				
贷款基准利率（%）	4.25~5.6	3~3.5	4~5	
6. 物流成本				
物流费用率（%）	8.3	7.9	4.7	

注：物流费用率为企业物流成本占产品销售额的比重；在中国，商业银行对中小企业贷款利率比基准利率上浮 20%~45%。

资料来源：依据世界银行数据库资料、中国物流与采购联合会资料、2015 年《中国统计年鉴》和日本物流系统协会资料、美国 Establish 供应链管理咨询公司资料等整理。

---

① 国家发展和改革委员会产业经济与技术经济研究所课题组：《降低我国制造业成本的关键点和难点研究》，《经济纵横》2016 年第 4 期。

由表 4-3 可以看出，我国制造业相对于发达国家，如美国、日本等国家的成本优势已经不复存在，在税费、融资成本和物流成本等方面，已经超过了美国、日本等发达国家。而在劳动力成本、资源要素价格等方面，也超过了越南等国家。此外，我国国有企业大多数仍然还承担着部分"办社会"的职能，如支付计划经济时期延续下来的退休人员的书报费等。根据对山东等地的调研发现，2015 年某些企业支付退休人员的这些费用达到 3200 万元。尽管已对退休人员实现社会化管理，但有些福利还需企业常年负担，这进一步加重了我国企业的负担。

显而易见，我国企业综合成本比较优势的大幅下降，绝不是由社会保险的费率造成的。

（4）我国企业的社会保险缴费负担水平具有鲜明的行业、地域、企业规模和所有制形式的差异。从行业看，劳动密集型企业的社会保险负担明显高于资本密集型企业和技术密集型企业。表 4-4 列出了 2010 年至 2013 年不同行业分类的平均工资水平。从地区看，中西部地区的企业社会保险负担高于东部经济发达地区，工业企业社会保险负担从大到小依次是：中部、西部、东部、东北[1]。从企业规模和所有制形式看，私营企业社会保险缴费能力最弱，实际缴费负担最重，外资企业缴费能力最强，缴费负担最小，国有企业居中[2]。社会保险的负担水平总体呈现利润率较高地区或企业负担较小，利润率较低地区或企业负担较大的趋势[3]。

---

[1]　孙博：《我国工业企业社会保险负担的区域差异分析——基于超越对数生产函数的实证研究》，《社会保障研究》2010 年第 6 期。

[2]　孙博：《我国工业企业社会保险负担的区域差异分析——基于超越对数生产函数的实证研究》，《社会保障研究》2010 年第 6 期。

[3]　孙博：《我国工业企业社会保险负担的区域差异分析——基于超越对数生产函数的实证研究》，《社会保障研究》2010 年第 6 期。

表4-4 2010~2013年我国不同行业分类的平均工资水平

单位：元/年

序号	行业	2010年	2011年	2012年	2013年
1	租赁和商务服务业	39566	46976	53162	62538
2	农、林、牧、渔业	16717	19469	22687	25820
3	建筑业	27529	32103	36483	42072
4	制造业	30916	36665	41650	46431
5	批发和零售业	33635	40654	46340	50308
6	住宿和餐饮业	23382	27486	31267	34044
7	卫生和社会工作	40232	46206	52564	57979
8	交通运输、仓储和邮政业	40466	47078	53391	57993
9	文化、体育和娱乐业	41428	47878	53558	59336
10	房地产业	35870	42837	46764	51048
11	金融业	70146	81109	89743	99653
12	电力、热力、燃气及水生产和供应业	47309	52723	58202	67085
13	水利、环境和公共设施管理业	25544	28868	32343	36123
14	信息传输、软件和信息技术服务业	64436	70918	80510	90915
15	居民服务、修理和其他服务业	28206	33169	35135	38429
16	采矿业	44196	52230	56946	60138
17	科学研究和技术服务业	56376	64252	69254	76602
18	教育	38968	43194	47734	51950
19	公共管理、社会保障和社会组织	38242	42062	46074	49259

资料来源：根据历年《中国统计年鉴》整理。

表4-4数据显示，最高行业（金融业）是最低行业（农、林、牧、渔业）的近3.5倍。并且低收入行业大多为劳动密集型产业，吸纳就业人员多，缴纳的社会保险费也高。

　　从地区看，职工工资水平差距也很大，2013 年人均工资最高的北京（84742 元）是最低的广西（36386 元）的近 2.33 倍（见表 4 - 5）。

表 4 - 5　2013 年我国各省市不同类型企业从业人员平均工资

地区	从业人员人数（万人）				从业人员平均工资（元/年）			
	总计	国有单位	集体单位	其他单位	总计	国有单位	集体单位	其他单位
北京	171.4	188.3	19.8	509.2	84742	87299	38552	85613
天津	289.1	89.7	8.0	191.4	61514	68231	40494	59326
河北	619.9	332.4	21.1	266.4	38658	39177	28597	38822
山西	435.9	239.8	24.8	171.3	44236	40881	32780	50526
内蒙古	270.7	176.3	8.5	85.9	46557	49278	45344	41598
辽宁	598.7	310.3	35.1	253.3	41858	43177	28183	42200
吉林	285.5	170.4	9.0	106.1	38407	39335	29506	37717
黑龙江	470.9	335.4	15.3	120.2	36406	36814	28762	36378
上海	555.7	140.5	11.7	403.5	78673	89739	52786	75568
江苏	830.9	296.0	30.2	504.8	50639	61221	42368	44978
浙江	1070.1	225.4	25.7	819.0	50197	73494	46789	43891
安徽	436.8	225.7	17.2	193.9	44601	44818	34741	45209
福建	637.9	166.2	16.0	455.6	44525	54211	38576	41189
江西	385.8	209.0	18.1	158.7	38512	39422	29429	38247
山东	1110.2	447.4	63.2	599.6	41904	47894	34001	38295
河南	881.3	409.3	50.9	421.1	37338	39344	27682	36508
湖北	597.9	298.6	19.7	279.6	39846	41979	32683	38054
湖南	567.6	282.6	27.5	257.5	38971	40397	29663	38380
广东	1304.0	430.3	55.3	818.4	50278	59423	30947	46814

续表

地区	从业人员人数（万人）				从业人员平均工资（元/年）			
	总计	国有单位	集体单位	其他单位	总计	国有单位	集体单位	其他单位
广西	358.0	214.0	16.2	127.7	36386	37706	28819	35081
海南	90.1	54.4	3.5	32.1	39485	40225	31715	39072
重庆	353.2	128.9	10.0	214.3	44498	50523	30087	41488
四川	640.9	358.8	33.8	248.3	42339	47721	33409	35749
贵州	269.5	174.6	6.8	88.1	41156	43702	38882	36223
云南	392.7	194.6	12.7	185.4	37629	43415	37211	31460
西藏	25.2	24.2	0.4	0.6	51705	52219	25966	49730
陕西	411.3	271.6	15.2	124.5	43073	45526	32399	38989
甘肃	211.4	158.6	8.1	44.7	37679	38401	32580	36074
青海	61.7	43.8	1.6	16.3	46483	50729	29341	37114
宁夏	67.4	40.9	0.8	25.7	47436	46880	44330	48400
新疆	288.8	200.8	3.4	84.6	44576	42479	46452	48609
总计	18108.0	6365.0	566.0	11177	51483	52657	38905	51453

资料来源：根据历年《中国统计年鉴》整理。

不同所有制企业的社会保险缴费能力存在差异，原因在于私营企业以劳动密集型居多，工资负担重而利润水平低；外资企业以资本密集型居多，工资负担小而利润水平高。因此，应综合考虑企业的工资水平和利润状况来确定社会保险缴费基数。

第二节　社会保险缴费基数面临的矛盾

一　社保缴费工资基数已经不适应经济社会发展的要求

使用城镇在岗职工工资水平确定养老保险缴费工资基数，是我国探索建立城镇职工基本养老保险制度的早期思路和方法，且一直延续至今。20 年来，我国经济社会发展和工资收入分配情况已经发生了巨大变化：一是多种所有制经济快速发展，各类民营经济发展更为迅猛，在国民经济中所占份额越来越大，各类所有制经济相互融合的程度也越来越高；二是随着经济社会发展变化，就业结构也已经发生了巨大变化，城镇在岗职工在改革开放初期还是城镇就业主体，但现在其人数已不到工薪劳动者总数的 30%，其工资水平在客观上已经失去了原有的标志性和代表性；三是随着工薪劳动者群体逐步扩大，各类就业人员内部的工资水平差距也相应扩大，特别是低收入群体的工资水平与城镇单位在岗职工的工资水平差距也相应扩大。这些变动因素都使原先按照城镇在岗职工工资水平确定养老保险缴费工资基数，以及再按照这个基数确定一定比例的最低缴费基数的思路和方法失去合理性和实用性。

　　根据前述内容可知，以前之所以按照城镇单位在岗职工工资水平确定 60% 的个人缴费最低限标准和 300% 的个人缴费最高限标准，是综合考虑了各相关因素的结果。这些因素主要是，在制度设计中应当秉持社会保险缴费与享用的"权利和义务对等"原则，个人所缴的费用与所能享受的待遇要大体相当或基本对等，既不应少缴费多享受，也不能多缴费少享受；各类社会成员的社会保险待遇水平不应差距过大，不能把社会工资水平的差距直接带入就业者退休后的养老保险待遇中去，养老保险的待遇差距应小于同期社会工资水平差距，以体现社会保险所应有的再分配调节功能；养老保险基金筹集应按照收支基本相抵的原则确定缴费基数、缴费比例和缴费方式，在社会保险基金缺少积累情况下，低工资就业者的个人缴费也不能过少，否则就难以筹集到足够的养老保险基金，同时也难以将个人能享受到的养老保险待遇提高到不是太低的水平上。虽然以上这些因素都需要考虑，但以前我们考虑的方式不尽合理。首先，社会保险缴费方面的"权利和义务对等"原则应当建立在确保就业者及其家庭成员基本生活及其缴费率与其他社会成员相同的基础之上，这样才能保证社会最起码的公平公正，显然原先的思路和做法与之相左；其次，社会保险的确具有社会收入的再分配功能，但是要发挥好适当缩小养老保险待遇差距的再分配功能，不能依靠相应提高低工资就业者缴费基准的方式，而应当使用社会保险内部资金以及财政和国有资产收益等社会资金调剂的方式加以再分配调节，从而在不增加低工资就业者缴费额外负担的基础上能够使其在退休后享受适度的待遇水平，否则等于是在缴费之后进一步扩大了各类就业者的可支配收入差距和个人及家庭生活水平方面的差距，而这恰恰是我们应当极力避免的有违社会公平的"逆调节"现象；最后，多数国家在养老保险缴费方面的做法是，对于工资水平低于一定标准的就业者，其缴费负担是要被减轻或免除的，并不是以实现所谓收支平衡和权利义务对等为依据，反而去增加这类人群的实际负担。

二　工资统计存在缺陷，不符合实际的工资水平

养老保险缴费工资基数存在上述问题，主要与我国工资统计越来越不符合实际情况而又未能被及时调整有直接关系。长期以来，由国家统计部门定期发布的城镇单位在岗职工平均工资或城镇单位就业人员平均工资数据，都只涉及国有单位、城镇集体单位、联营经济、股份制经济、外商投资经济、港澳台投资经济中的就业人员和在岗职工，其中并没有将城乡私营企业、乡镇企业、个体工商户所雇用的人员，以及各单位聘用的农民工包括在统计范围之内。但是，与社会保险缴费直接关联的工资水平统计中尚未包括进来的这些就业者却是我国目前城乡工薪劳动者群体中的重要成员，其就业规模最为庞大，就

业占比也最高，不仅应当被正常纳入社会工资水平统计范围之内，而且应当被正常纳入社会保险覆盖范围之内。

但遗憾的是，我国至今没有能够覆盖全部工薪劳动者的平均工资数据，以此全面反映社会平均工资水平。现在能够做的只是依靠非常散乱的各类就业人员的工资水平数据对个别年度的社会平均工资数据进行估算。根据劳动工资研究所工作人员对 2012 年全社会平均工资水平的最新估算结果，当年全社会月平均工资大约是 2486 元，要比当年城镇单位就业人员的月平均工资 3897 元低 1411 元，比在岗职工月平均工资还要更低一些。这说明，社会平均工资的真实水平要比我们目前作为确定养老保险缴费工资基数依据的工资水平大约低36.2%，也就是说真实的社会平均工资是同期缴费工资水平的63.8%。由此可见，缴费工资基数 60% 的最低限度实际上与同期全社会较真实的工资水平大体相当。据此，我们可以进一步根据全社会工资水平的偏态分布规律判断出，我国大多数就业人员的实际工资水平仍然处在养老保险缴费基数 60% 的最低限以下的区域，也就是说，企业或个人按照这个 60% 的缴费基数最低限缴纳养老保险费用，实际上是在按照全社会较真实的工资水平在缴纳费用。我们可以发现，这个养老保险缴费基数最低限实际上被设置在了对大多数就业者来说仍然相对较高的位置，让如此众多的就业人员按照这个最低限度缴纳养老保险费用势必导致部分企业和员工缴费负担过于沉重等一系列问题的发生。

三　社会平均工资与个人实际工资差距较大

首先，我国养老保险缴费制度设计中的重大缺陷就是在个人缴费方面引入了城镇单位在岗职工的平均工资，将此作为社会平均工资，并且以此作为确定个人缴费的最低限度标准的依据，而不是以真实可靠的就业者的实际工资作为全体就业者个人缴费的唯一依据。由此看来，长期以来一向虚高的所谓的社会平均工资不过是使本不合理的制度设计变得更不合理，并且增加了实际操作复杂性，使费用征缴更加不易控制和管理。

其次，在养老保险个人缴费方面并没有必要引入社会平均工资，更不需要以此为依据确定个人缴费的最低限度和最高限度。一般情况下，只要根据相关因素确定了适度的就业者个人缴费率，完全可以让全部就业者都以本人实际工资为依据公平缴费。由于我国已经实行了最低工资保障制度，政府颁布的最低工资标准本身就可以作为个人缴费的最低工资限度；如果制度设计中有必要考虑工资水平高的就业者缴费多可能导致本人今后养老待遇过高或养老基金不需要在这类就业者中筹集到更多资金，完全可以相应确定一个以绝对工资额为标志的封顶线标准，也不需要与所谓的社会平均工资直接挂钩。如果全体就业者都能够以本人实际工资作为缴费依据，还可以消除很多养老保险缴费其他方面存在的争议和操作不便的困扰，一是可以做到按照就业者的当期工资收入直接征缴，而不必以上一年度就业者的月平均工资为基准进行征缴，也就可以相应解决目前上年度社会平均工资在下一年度的上半年难以公布统计结果给实际工作带来的困难；二是可以更为简便、合理地征收企业需缴纳的养老保险费用，在企业工资总额基数与企业员工个人缴费基数之和不再有明显差异的情况下，经办机构只需要按照企业工资总额征缴就没有问题，那么目前的"双基数"征缴方式也将失去存在的必要，企业及社会上的相关争议也将不复存在。

第五章
职工基本养老保险待遇水平分析

我国城镇职工基本养老保险的目标是为退休人员提供基本的生活保障，社会保险法明确了社会保险的基本方针是"保基本"，这在法律上规定了基本养老保险的性质。但是，"保基本"的内涵是什么、多少养老金才能"保基本"，这些问题在理论上尚无充分的讨论，在政策上也无明确的规定，因而在实践中会造成困惑，并由此引发社会各界的讨论，甚至一度成为学者争论的焦点和社会关注的热点。

自 2005 年以来，国家连续 13 年提高企业退休人员养老金待遇水平，广大企业退休人员的养老金水平有了大幅提高，这受到绝大多数企业职工和退休人员的欢迎。但一些学者却认为我国养老金替代率"跌跌不休"，甚至已经跌破国际劳工组织的警戒线。如何看待和衡量我国目前的养老金水平，不仅关系到 8000 多万企业退休人员的切身利益和老年权益，也关乎我国基本养老保险制度的进一步改革发展。

通过对养老金替代率理论的梳理分析，以及对上海、北京、陕西、吉林、广州、四川、西藏、辽宁等地的调研，并利用金保工程信息数据库数据对该 8 省区市 2009 年至 2013 年养老数据进行全面分析，笔者提出了我国养老金待遇水平的理论依据，分析了我国职工基本养老保险的发展历程，特别是待遇计发和待遇调整机制的发展历程。通过定性和定量分析，笔者研究了我国现阶段养老金替代率水平以及影响基本养老金替代率水平的主要因素，并在对国际养老金替代率水平比较分析和经验借鉴基础上，提出了我国养老保险制度的目标保障水平、基本养老保险制度的保障水平定位，及实现养老保险制度目标保障水平的政策建议。

第一节　衡量养老金待遇水平的标准和尺度

毫无疑问，国内外各界一致公认，养老金替代率是衡量养老保障水平最重要的指标。但问题是，一方面，替代率的概念和含义"众说纷纭"，口径不一。粗略计算，养老金替代率主要类型就不下 7 个（见表 5－1）。另一方面，替代率是一个相对概念，分子、分母不同的取值，直接影响结果。老年人的生活水平既与养老金多少有关，也与同期居民生活费用价格指数、在岗职工的工资水平、居民的消费机构、多层次的养老保障制度体系安排，以及国家的经济状况密切相关，仅用一个替代率指标很难全面反映和衡量退休人员的保障水平。因此，本研究在重点讨论替代率的同时，也对上述的有关因素进行讨论，以期能够全面分析我国退休人员的保障水平。

表 5－1　关于养老保险替代率的主要类型、含义、特点及缺陷一览

编号	替代率类型	含义	特点	缺陷
1	目标替代率	指个人退休后养老金收入与退休前一年工资收入的比率	衡量个人退休前后收入的变化，是一个纵向指标。该指标同其他替代率指标相比，对退休人员最有利，尤其是在稳态经济下，退休人员可长期享受较高水平的养老保障	对养老保险制度的财务收支平衡造成较大压力；长期内会导致退休人员养老金待遇相对下降；不能体现养老保险的收入再分配功能
2	终生平均工资替代率	指养老金与个人退休前终生平均工资收入的比率	将退休金收入与个人一生的贡献相联系，更多强调个人工作期间的劳动效率	由于终生平均收入一般要低于最后工资收入，在相同的替代率水平下，由该指标计算的养老金待遇要低于按目标替代率计算的养老金待遇

续表

编号	替代率类型	含义	特点	缺陷
3	社会平均工资替代率	指当期养老金占当期社会平均工资的比例	最大特点在于替代率的计算基础不再是固定的个人退休前收入，而是随时间变化的社会平均工资，因此，该指标的优势是退休金水平是动态的，能够参与分享经济增长的成果，也利于观察退休人员的实际生活保障状况	在经济高速增长时期，社会平均工资一般增长较快，而养老金的增长相对缓慢。采用这一指标，往往随着时间的推移，替代率会逐步下降
4	合意替代率	合意替代率是一个区间，下限是保证基本生活，上限是保证生活水平不降低		
5	最后收入替代率（也称个体替代率）	指个人退休时养老金与本人退休前工资收入之比，反映的是个人退休前后收入的变化		
6	某些年份的平均工资替代率	指养老金与个人终生收入中某一段最高收入的平均数之比	在同一替代率下，这一指标的退休收入水平会介于最后收入替代率与终生平均工资替代率之间。一般来说，作为计算基础的年限越长，其计算中的分母就越接近于终生平均工资	
7	交叉替代率	退休者个人领取的养老金与在职职工平均工资的比率		

资料来源：谭中和等《养老保险待遇水平问题研究报告》，2015。

一 根据各方的观点和意见，社会平均工资替代率比较符合我国养老保险制度的实际

社会平均工资替代率是指养老金占当期社会平均工资的比例。笔者建议基本养老保险的替代率使用社会平均工资替代率，将其作为讨论我国养老保险保障水平或替代率的基础。主要有以下几个理由。

一是根据我国养老保险制度设计，我国实行社会统筹与个人账户相结合的制度模式，养老保险费征缴和基础养老金待遇计发的计算基础是社会平均工资。国发〔2005〕38号文规定缴费基数和养老金的计发都是基于上年"在岗职工平均工资"（即社会平均工资），个人账户的设计也是假定个人账户上的资产收益率与社会平均增长率一致。可见基本养老保险的替代率指的是社会平均工资替代率。

二是我国城镇职工基本养老保险采用社会平均工资替代率是合理的。因为随着我国经济的快速发展，工资增长速度较快，若养老金仅仅盯住退休前收入，则会失去现实意义，不能真实地反映养老金对老年人的保障水平。更不能以缴费工资为基数计算替代率，因为从实际情况看，缴费工资波动较大，缴费工资的确定带有较大的随意性和不合理性。尽管社平工资有"虚高"之嫌，但这是由国家依法公布的衡量从业人员收入水平的唯一指标。如果社会平均工资替代率设计水平合理，且退休收入能盯住这一替代率，则退休人员能分享经济高速增长的成果。

三是我国现行的基本养老保险制度是从计划经济时期的退休金制度转化而来，这种改变也体现在政策的替代率目标和替代率的基数计算上。原有的退休金制度替代率计算公式中，计算的基础是个人的最后工资。新制度中，养老保险费的缴费和养老金的计发都与社平工资关联。因此，使用社会平均工资替代率更为合理。

总之，这一指标最大的特点在于替代率的计算基础不再是固定的个人退休前收入，而是时刻变化着的社会平均工资。这一指标的明显优势是退休人员收入是动态的，可以较容易观察到退休人员分享经济增长的成果，同时也可以较容易看出退休收入与当期消费的对比关系，从而较容易观察退休人员的实际生活保障状况。在经济高速发展的国家，采用这一指标对保障退休人员的收入尤其重要。我国城镇职工基本养老保险采用这一指标，主要原因在于：我国正处在经济较快增长期，经济快速发展，工资增长速度也较快，以此可以很好地体现经济高速发展时期养老金对老年人生活的保障程度。

从国际上看，多数国家使用社会平均工资替代率，但也有例外。还有如下一些情况。

一是许多东欧前社会主义国家用过最后收入替代率，我国在20世纪50年代建立起来的退休金制度也是采用这一指标。工龄达到30年且达到退休年龄的人员几乎可以领取自己最后工资80%以上的退休金。在稳态的经济中，这一比例是很高的，这也是我国对原有的退休金制度改革的理由之一。

二是一些高收入国家曾采用终生平均工资替代率。这种计算办法实质上降低了替代率的基数（终生平均收入一般要低于最后工资收入），在相同的替代率水平下，个人的养老金水平会较低，但养老金制度的支出压力会减轻。我国基本养老金制度中社会统筹部分就引入了这一指标（国发〔2005〕38号文），强调了职工一生缴费的年限和缴费的基数对退休金水平的意义。

三是许多国家采用某些年份的平均工资替代率。在同一替代率下，这一指标的退休收入水平会介于最后收入替代率与终生平均工资替代率之间。多数国家用一生中最高收入的五年作为计算的基数，有些国家则用更长的年限。一般来说，作为计算基础的年限越长，其计算中的分母就越接近于终生平均工资替代率中的分母，即替代率不变时，个人退休金收入越少，制度的负担越轻。比如，1993 年法国养老金制度改革就将计算养老金的基数由原来收入最高的 10 年提高到 25 年。相比于直接降低替代率，这一做法更容易被接受。

二 社会平均工资替代率的合理水平分析

什么是"保基本"？根据对已有研究的梳理，"保基本"的内容大致有如下两类基本观点。一类基于生活保障，认为按照国发〔2005〕38 号文件计算的退休人员 59% 的替代率是合理的，或者替代率至少不低于某一个百分比，比如 50%。另一类则是基于恩格尔系数，认为替代率可以更低一些。两者的焦点不在于替代率高低，而在于保障的内容，前者是保基本生活，后者是保吃饭。多数学者支持第一类观点。国研中心认为，基本养老金平均替代率大致在 60% 左右是合理的（国研中心 2000 年的研究报告）；有些学者从家庭结构、最低生活保障线等出发，提出我国的替代率合理水平应该在 55%[1]。有些学者认为基本养老金合意替代率的上限要使退休者的基本生活平均水平不因退休而大幅度降低，并结合国际贫困线，指出我国的这一替代率下限为 50%。而郑功成[2]则认为以恩格尔系数在 40% 左右为依据来确立基本养老保险水平较为合理，基本养老保险金的水平只要相当于职工平均工资的 53.33% 就可以，若恩格尔系数再持续下降，则替代率还可以适当降低，50% 左右的替代率可以作为中国未来基本养老保险的保障水平目标。杨燕绥则认为政府不可能向所有老人提供相当于平均工资 60% 的养老金，应留出空间发展企业

① 邱东等：《养老金替代率水平及其影响的研究》，《财经研究》1999 年第 1 期。
② 贾洪波：《基本养老金替代率优化分析》，《中国人口科学》2005 年第 1 期。

（职业）年金①。

从人的需求的角度分析，我们可以将人的需求分为基本需求（生存）和发展需求，由此家庭的支出可以分为基本需求支出和发展需求支出，前者指吃、穿、住、行、医疗等内容，后者指教育、培训、文化、娱乐等内容。退休人员一般不会在发展需求上有太多的支出，而在基本需求方面，他们的支出与其他人员相当，但医疗支出会更高。以恩格尔系数作为保障的标准是保吃饭，是保生理的需求，不是"保基本"。除了吃饭穿衣是刚性支出外，医疗费用不仅是刚性的而且占老年人支出的相当大的一部分，我国老年人的医疗费用是全体人口平均数的3~5倍。虽然领取企业养老金的退休人员绝大多数参加了城镇职工医疗保险制度，但自己负担的费用仍然较高。老年人买房的可能性小，但住房以及与其相关的公共设施费用（水电、供暖、物业费等项目费用）是硬性支出，而且不是小数目，各年的统计年鉴均显示，城镇居民用在此项的支出占人均消费性支出的10%左右（见表5-2）。

表5-2 1990~2013年我国城镇居民人均消费性
支出构成（消费性支出=100）

年份	食品	衣着	居住	家庭设备用品及服务	医疗保健	交通通信	教育文化娱乐服务	杂项商品与服务
1990	54.25	13.36	6.98	10.14	2.01	1.20	11.12	0.94
1995	50.09	13.55	8.02	7.44	3.11	5.18	9.36	3.25
2000	39.44	10.01	11.31	7.49	6.36	8.54	13.40	3.44
2007	36.29	10.42	9.83	6.02	6.99	13.58	13.29	3.58

---

① 博广：《杨燕绥：要重视打造责任整合的基础工具》，《中国社会保障》2004年第10期。

年份	食品	衣着	居住	家庭设备用品及服务	医疗保健	交通通信	教育文化娱乐服务	杂项商品与服务
2008	37.89	10.37	10.19	6.15	6.99	12.60	12.08	3.72
2009	36.52	10.47	10.02	6.42	6.89	13.72	12.01	3.81
2010	35.67	10.72	9.89	6.74	6.47	14.73	12.08	3.87
2011	36.32	11.05	9.27	6.75	6.39	14.18	12.21	3.83
2012	36.23	10.94	8.90	6.69	6.38	14.73	12.2	3.94
2013	35.00	10.55	9.68	6.74	6.2	15.19	12.73	3.88

资料来源：笔者根据国家统计局统计年鉴整理。

第二节　影响我国养老金替代率的主要因素分析

一　影响养老金替代率的主要因素

从计发办法看，职工基本养老保险初次计发的养老金的多少取决于以下因素：一是缴费年限，二是缴费多少，三是个人账户积累额的收益。缴费年限与退休年龄有关，最低缴费年限为 15 年，退休年龄仍为 20 世纪 50 年代规定的男性 60 周岁，女干部 55 周岁，女职工 50 周岁。缴费多少由基本养老保险制度规定，缴费工资的下限和上限分别为当地上年社会平均工资的 60% 和 300%。由于个人账户基金缺少投资运营办法，个人账户基金只能按一年期银行存款利率计息。

按照制度的设计，一个平均水平的退休者可以从社会统筹部分获得社会平均工资 35% 左右的基础养老金，并可以从个人账户部分获得社会平均工资 24% 左右的个人账户养老金，两者相加为社会平均工资的 59% 左右。

可见，我国企业退休人员养老金的计发办法既体现了公平原则，又强化了养老金待遇与缴费年限、缴费基数挂钩的激励约束机制。

二 初次养老金待遇水平的定量分析

为了清晰了解养老金替代率情况，我们以"新人"退休时的初次养老金水平为例，分析养老金的待遇水平情况。

按照计发办法，基础养老金是当地上年度在岗职工月平均工资和本人指数化月平均缴费工资之和的平均值，以此为基数，缴费满15年后，每超出1年多发1%，上不封顶。因此，影响基础养老金的因素有以下三个，一是上年当地的在岗职工平均工资，二是个人的终生缴费工资（缴费基数），三是缴费年限。第一个因素对同一时期同一地区的所有退休者是一样的，而后两个因素则取决于每个个体，终生缴费基数越小、缴费年限越短则养老金收入绝对数越低，相对于社会平均工资也越低。在一个工资水平高速增长的社会中，终生缴费工资的引入对养老金收入的影响很明显。

个人账户养老金的计算则是个人账户积累额（含利息）根据退休时不同的预期寿命除以不同的月数，女性职工、女性干部和男性分别除以195、170和139个月。因此，影响个人账户养老金的是个人终生缴费基数的大小、缴费年限的长短、个人账户资产的收益率以及退休年龄。缴费基数和缴费年限决定了个人账户的本金数额，收益率则决定了利息的多寡。缴费基数越小、缴费年限越短、利率越低，自然个人账户的本利和越小；反之越大。在本利和一定时，越早退休，公式中的分母（月除数）越大，每月的养老金则越少。

除初次养老金水平以外，养老金待遇水平之后还受调整机制的影响。以2012年的调整为例，尽管各地普遍上调了养老金，但是养老金替代率水平却不增反降，主要原因是养老金的增长幅度低于社平工资增长率（见图5-1）。

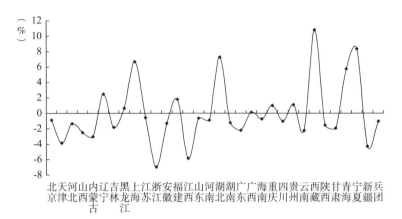

北天河山内辽吉黑上江浙安福江山河湖湖广广海重四贵云西陕甘青宁新兵
京津北西蒙宁林龙海苏江徽建西东南北南东西南庆川州南藏西肃海夏疆团
古　　江

**图5-1　2012年与2011年我国各地企业退休人员
人均养老金水平比较**

资料来源：笔者根据人力资源和社会保障部有关统计资料整理。

第三节　替代率水平的定量分析

一　制度目标替代率

国发〔2005〕38号文件设计的目标是养老金社会平均工资替代率为59%，其中基础养老金为35%，个人账户养老金为24%。根据测算，要达到这一政策目标，对于基础养老金部分，只有按社会平均工资100%的缴费基数持续缴费35年才能领取社会平均工资的35%左右的养老金；而个人账户部分，只有满足下列条件才可能获得24%的社会平均工资替代率：第一，按100%社平工资基数缴费40年；第二，个人账户收益率等于社会平均工资增长率；第三，退休年龄为60岁，退休时个人账户除以139（制度设定的最小除数）。

二　养老金替代率下降的制度因素分析

1. 缴费基数

养老保险制度规定，参加职工养老保险的人员可以以当地职工月平均工资的60%为基数缴费。根据上述分析，这类人员无论如何都无法实现养老金初次计发时的目标替代率水平。

事实上，参加职工基本养老保险的相当一部分人收入水平达不到按100%的社会平均工资缴费的要求。多数人在职业生涯的早期（年轻人）的收入低于社会平均工资；一部分人终生是低收入者，收入在社会平均工资以下；一部分企业和个人即使收入水平达到或超过社会平均工资，也选择少报缴费基数。从历年各地参保缴费情况和调研结果看，选择最低缴费基数可以说在各地都是一个普遍现象。在政策实施过程中，为了扩大覆盖面，有些地区将实际的缴费基数进一步降低到60%以下。如北京等一些地区规定缴费基数下限为社会平均工资的40%。

数据更能说明问题。2013 年企业养老保险月人均缴费基数为2814 元（见图 5-2），而同期的全国职工在岗平均工资（2010 年以后称非私营企业岗平工资）为3897 元，缴费基数相当于职工平均工资的72.2%。多年来，缴费基数与社平工资的差距越拉越大。2007 年至2013 年，企业职工养老保险月人均缴费基数增加了1349 元。而同期在岗职工月平均工资共增加了2147 元。缴费基数与在岗平均工资的差距逐年拉大（见图 5-3）。

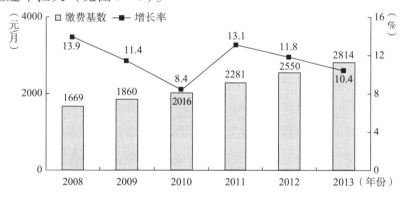

图 5-2　2008～2013 年企业职工缴费基数变化情况

资料来源：人力资源和社会保障部社会保险事业管理中心编《社会保险运行分析（2014）》。

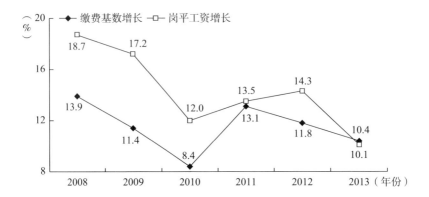

图 5 − 3　2008 ～ 2013 年缴费基数与岗平工资增长变化对比

资料来源：人力资源和社会保障部社会保险事业管理中心编《社会保险运行分析（2014）》。

缴费基数打折或失真导致退休时计发的基础养老金和个人账户养老金双双打折，养老金替代率下降成为必然。

2. 缴费年限

如前所述，要达到 59% 的社会平均工资替代率，基础养老金部分要求持续缴费 35 年，而个人账户在现行的利息率下则需要 40 年左右的持续缴费，而事实上，绝大多数人达不到持续缴费 35 ～ 40 年，相反，有一部分人会选择最低门槛即 15 年的缴费年限。在计划经济时期的企业退休养老制度中，领取退休金的资格是工龄为 30 年，21 世纪初该制度下的平均工龄是 32.5 年。现行制度规定缴费 15 年则取得领取养老金的资格，这就意味着绝大多数在非正式部门就业的人员会选择只缴费 15 年，而不是持续缴费 35 ～ 40 年，因为他们停止缴费节省的费用的现值大大高于持续缴费所带来的未来养老金的现值。数据和调研地区的情况表明，即使在正规就业部门，在可能的情况下，企业和职工个人都有选择只缴费 15 年的愿望。所以，随着越来越多选择低缴费基数和 15 年缴费年限的人口进入退休行列，基础养老金水平会进一步下降，替代率水平也会进一步下降。更有甚者，有些地区为了扩大覆盖面和实现全覆盖，允许部分人群在退休前一次性补足 15 年缴费后即可领取养老金的做法，还要为他们维持 50% 左右的替代率水平，任何国家的公共养老金制度都没有如此优厚的待遇水平。据北京、上海、陕西、辽宁、河北、河南、江苏和云南 8 省市的数据统计，2009 年至 2013 年缴费 15 年的退休人数占同期总退休人数的 15% 左右，缴费 35 年以上的退休人员数大致在 25% 和 28% 之间，只占 1/4 多（见表 5 - 3）。

表 5 - 3　2009 ~ 2013 年 8 省市不同缴费年限的退休人员数一览

单位：人，%

	缴费年限（含视同）	15 年	16 ~ 20 年	21 ~ 25 年	26 ~ 30 年	31 ~ 35 年	36 年及以上
2009 年	退休人员数	1288044	461265	574510	1540347	2299265	2426338
	缴费年限人数占比	15.00	5.37	6.69	17.93	26.77	28.25
2010 年	退休人员数	1464230	585747	665816	1708126	2455481	2364136
	缴费年限人数占比	15.84	6.34	7.20	18.48	26.56	25.58
2011 年	退休人员数	1644135	765242	774291	1927061	2849229	2833740
	缴费年限人数占比	15.23	7.09	7.17	17.85	26.40	26.25
2012 年	退休人员数	1959869	943441	889246	2146793	3209331	3387256
	缴费年限人数占比	15.63	7.53	7.09	17.13	25.60	27.02
2013 年	退休人员数	2147623	1101454	963189	2377934	3786743	4032033
	缴费年限人数占比	14.90	7.64	6.68	16.50	26.28	27.98

资料来源：笔者根据人力资源和社会保障部社会保险事业管理中心编内部资料《社会保险运行分析（2014）》整理。

根据我们对 2009 年 16 个省市当年退休的 119.62 万企业退休人员

情况的分析，养老金替代率与缴费年限密切相关（如图5-4所示）。可见，缴费年限长短是决定养老金水平高低的重要因素，基本趋势是：缴费年限越长，待遇水平越高，替代率也越高；缴费年限越短，待遇水平越低，替代率也越低。

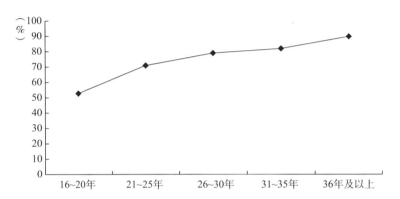

图5-4 2009年16省市企业职工基本养老金替代率水平与缴费年限的关系

资料来源：谭中和等《人力资源和社会保障部社会保障研究所"养老保障待遇水平研究"课题报告》，2015。

3. 退休年龄

退休年龄是影响养老金水平的又一重要因素。其他条件不变时，一般退休年龄越高则缴费年限越长，社会统筹部分计发的基础养老金越多。同时，对于个人账户的影响是双重的，退休年龄越高则个人账户积累额越多，退休后领养老金时月除数越小，每月养老金则越多；相反，退休年龄越低，缴费年限越短，则个人账户积累额越少，而月除数越大，平均到每月的养老金则越少。我国女性的退休年龄为50周岁和55周岁，大大低于男性的60周岁，使女性的月除数大大高于男性的139个月，这样女性的基础养老金和个人账户养老金会大幅度低于男性，其中以50周岁退休的女性为最低。另外，据国家统计局分性别的就业数据分析，女性的收入相对较低。女性的低收入会导致缴费基数低，以及养老金水平低，从而降低整体退休人口的平均养老金水平。根据测算，社会统筹部分的养老金水平达到预期的目标需要连续缴费 35 年，按现行的退休年龄，女性职工 50 周岁退休、女性干部 55 周岁退休，都不能满足要求。如果女性职工 20 周岁开始工作且不间断缴费，50 周岁退休时也只有 30 年缴费期，女性干部 22 周岁开始工作且不间断缴费，55 周岁退休也只有 33 年缴费期。如前所述，个人账户要满足目标替代率需要 40 年连续缴费，在现行退休政策下，更是远远达不到目标。

根据人力资源和社会保障部社会保险事业管理中心相关数据，我国提前退休现象严重。2013 年，全国非正常退休人数为 60.4 万人，占当年新退休人员总数的 8.7%。自 2010 年以来，每年非正常退休人数超过 60 万人（见图 5 - 5）。

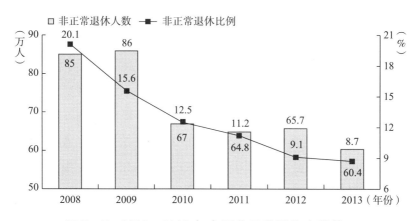

图 5 - 5　2008 ~ 2013 年全国非正常退休人数情况

资料来源：人力资源和社会保障部社会保险事业管理中心编《社会保险运行分析（2014）》。

少数地区非正常退休比例较高。如 2013 年北京市非正常退休人员达到 25.9%，宁夏、山西等省份的非正常退休人数近年来有较大上升（见表 5 - 4）。

表 5 - 4　2013 年分地区非正常退休人员比例（按比例高低排序）

单位：%

地区	比例	地区	比例	地区	比例
北京	25.9	安徽	10.8	广西	6.6
宁夏	23.1	湖北	10.2	甘肃	6.2
山西	19.1	辽宁	9.9	湖南	5.9
新疆	16.4	吉林	9.8	江西	5.6
陕西	14.7	山东	9.2	广东	5.2
上海	13.2	福建	8.7	青海	4.7
天津	13.2	内蒙古	8.2	浙江	4.1
河南	12.9	兵团	7.8	四川	3.5
贵州	11.8	黑龙江	7.2	海南	2.9
河北	11.4	重庆	7.1	西藏	0.0
云南	10.9	江苏	6.9	总计	8.7

资料来源：谭中和等《养老保障待遇水平研究报告》，2015。

4. 个人账户收益

个人账户基金的收益率对养老金水平起重要的作用。个人账户不论是积累制还是按记账管理，只有当个人账户资金的收益率达到工资增长率时，才能满足政策预期的保障水平。但由于政策规定个人账户资金只能存入银行，并按一年期银行利息率计算，自 1997 年以来，个人账户收益加权平均大约只有 2.38%，而参保在职职工的平均工资增长率为 14%。个人账户养老金与社会平均工资的比率显得微不足道。

可以测算全社会退休人员个人账户社会平均工资替代率与记账利率之间的关系。根据相关研究资料[1]，我国当前制度内退休人员的平

①　李珍：《基本养老保险制度分析与评估——基于养老金水平的视角》，人民出版社，2013，第 96 页。

均工作年限只有 32.5 年，平均退休年龄为 53 岁。根据中国人寿保险
股份有限公司生命表（1990～1993 年)[①] 分析，平均生命余岁为 27
年。按目前 2.9% 的平均一年期银行存款利息计算，如果工资增长率
为 8%，则替代率只有 2.4%；如果工资增长率为 10%，则替代率为
1.4%；如果工资增长率达到 16%，则替代率只有 0.3%。可以说个
人账户收益几乎到了可以忽略不计的地步。在目前我国抚养比为 3:1
的情况下，对于缴费 32.5 年、平均生命余岁 27 年的职工来说，要使
个人账户社会平均工资替代率达到政策设计的 24% 的水平，在工资增
长率为 8% 时，个人账户记账利率则需要达到 11.3%；在工资增长率
为 10% 时，个人账户记账利率需要达到 13.4%；在工资增长率为
16% 时，个人账户记账利率需要提高到 19.7%。可见，在平均情况
下，当工资增长率分别为 8%、10% 和 16% 时，如果个人账户记账利
率与工资增长率同步，个人账户社会平均工资替代率也只有 9.6% 的
水平。因而即使个人账户记账利率与工资增长率同步，也难以达到
24% 的政策目标。

　　根据我们的测算分析，我国未来社平工资增长率将从 2015 年的
9.76% 下降到 2050 年的 4.5%，5 年期银行存款利率也将从 2015 年的
5% 逐渐下降到 2050 年的 2%，在此种情况下，我国个人账户记账利
率或者做实的个人账户利率需要维持在 2015 年的 6% 和 2050 年的
3.5% 之间，个人账户才有意义（如图 5 - 6 所示）。

　　事实上，上述的目标难以达到。2013 年，各地个人账户记账利
率标准共分为 9 档，最高为 5.00%，最低为 2.75%，相差近一半。
2013 年，大多数地区个人账户记账利率在 3% 左右，而全国社平工资
增长率为 10.08%，个人账户记账利率还不足工资增长率的 1/3。

[①]　李秀芳、傅安平：《寿险精算》，中国人民大学出版社，2002，第 752 页。

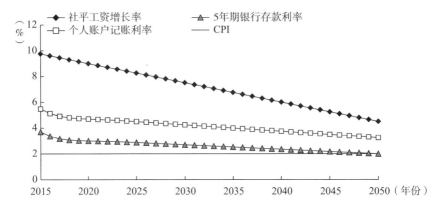

图 5 - 6　2015～2050 年我国要实现个人账户替代率所要求的最低记账利率或投资收益率

资料来源：谭中和等《职工基本养老保险投资运营与监管研究报告》，2015。

三　测算分析

1. 缴费 15 年

15 年是制度规定的领取基本养老金的最低缴费年限。表 5 - 5 是选择 60% 缴费基数且在退休前 15 年连续缴费的情况下（如男性 45 周岁缴费至 59 周岁、一次性趸缴 15 年的情况与此类似），退休人员（女性 50 周岁、男性 60 周岁）初次养老金的替代率水平分别只有 14.18% 和 15.42%，与制度目标相距甚远。

表 5 - 5　按社平工资的 60% 并且缴费 15 年的退休人员的养老金替代率情况

单位：%

退休年龄	基础养老金替代率	个人账户养老金替代率	合计
60 周岁	11.11	4.31	15.42
50 周岁	11.11	3.07	14.18

资料来源：谭中和等《养老保障待遇水平研究报告》，2015。

2010 年社平工资接近 3 万元/年，月均 2500 元，上表中男性的月均养老金水平为 386 元。2009 年城镇人均消费支出为 12265 元，月均消费支出为 1000 余元，当年的恩格尔系数为 37%，即每月用于食品的支出为 370 元。这些退休人员的养老金只有人均消费支出的 38% 左右，2009 年居民消费性支出结构中，用于购买食品的支出占 37%，也就是说，缴费 15 年的退休人员的养老金差不多刚好够支付食品开支。

相同条件下，这些人群若按照社平工资的 100% 缴费，则替代率可有所提高。但因个人账户低水平计息，对替代率的提高也不明显，50 周岁退休的女性替代率只有 19.01%，60 周岁退休的男性只有 21.07%（见表 5-6）。

表 5-6　按社平工资的 100% 并且缴费 15 年的退休人员的养老金替代率情况

单位：%

退休年龄	基础养老金替代率	个人账户养老金替代率	合计
60 周岁	13.89	7.18	21.07
50 周岁	13.89	5.12	19.01

资料来源：谭中和等《养老保障待遇水平研究报告》，2015。

表 5-5 和表 5-6 是参保人退休第一年的养老水平，随着退休时间的推移，养老金的社会平均工资替代率还会进一步下降，因为养老金的调整增幅慢于工资增长率。事实上，如果考虑提前退休等因素，替代率水平还会更进一步降低。

目前在我国退休人员中，有一部分是 20 世纪 90 年代国有企业深化改革时期下岗或失业的职工，他们可能因为已有 15 年以上的"视同缴费年限"而取得了领取退休金的资格，从而不再缴费，一旦达到退休年龄便开始领养老金；另外，制度鼓励没有参保的年长人口通过补缴保费获取退休金领取资格，可以预见这部分人一定选择最低的缴费基数和缴费年限参保；还有一部分是非正规就业部门的参保人（包括灵活就业人员、个体工商户等），他们多半也会选择最低的参保门槛。总之，选择最低参保条件的人员不是一个小数目，随着时间的推移，他们中会有越来越多的人开始领取养老金，他们的养老金水平至多也就是20%的替代率水平。

2. 较长缴费年限情况

下面分别测算缴费 30 年、35 年和 40 年人员当年退休时的替代率情况，并与缴费 15 年的情况作比较。

由表 5 - 7 可知：第一，相同退休年龄条件下，每多缴费 1 年，养老金的总社会平均工资替代率可大致提高 1 个百分点；第二，相同的缴费年限，女性养老金替代率较低，尤其是女职工。因为退休年龄越低，个人账户的月除数越大，从而个人账户养老金替代率越低。因此，女性尤其是女职工的缴费年限、退休年龄等问题尤其值得重视。

表 5 - 7　按社平工资的 100% 并且至少缴费 30 年的退休人员的
养老金替代率情况

单位：年，%

退休年龄	缴费年限	基础养老金替代率	个人账户养老金替代率	合计
60 周岁	40	37.04	11.89	48.93
	35	32.41	11.34	43.75
	30	27.78	10.65	38.43
55 周岁	35	32.41	9.27	41.68
	30	27.78	8.70	36.48
50 周岁	30	27.78	7.59	35.37

资料来源：谭中和等《养老保障待遇水平研究报告》，2015。

　　表 5 - 8 和图 5 - 7 是 1997 年至 2013 年退休人员的养老金替代率水平情况。

表 5 - 8　1997 ~ 2013 年退休人员退休当年基本养老金的
替代率水平比较分析

年份	领取养老金人数（万人）	人均基本养老金（元）	职工平均工资（元）	平均替代率（%）
1997	2533.0	4940	6444	76.66
1998	2727.3	5543	7446	74.44
1999	2983.6	6451	8319	77.55
2000	3169.9	6674	9333	71.51
2001	3380.6	6866	10834	63.38
2002	3607.8	7880	12373	63.69
2003	3860.2	8088	13969	57.90
2004	4102.6	8536	15920	53.62
2005	4367.5	9251	18200	50.83
2006	4635.4	10564	20856	50.65
2007	4953.7	12041	24721	48.71
2008	5303.6	13933	28898	48.22
2009	5806.9	15317	32244	47.50
2010	6305.0	16741	36539	45.82
2011	6826.2	18700	41799	44.74
2012	7445.7	20900	46769	44.69
2013	8041.0	22970	51474	44.62

资料来源：谭中和等《养老保障待遇水平研究报告》，2015。

　　由此可见，初次替代率达不到目标，后来的增幅也大大低于社平工资，因此，随着社平工资的逐年上涨，养老金替代率必然下降。

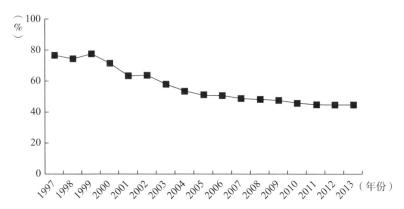

图 5 – 7　1997～2013 年退休人员退休当年养老金替代率水平

资料来源：谭中和等《养老保障待遇水平研究报告》，2015。

第六章
养老保险待遇水平的进一步讨论

根据以上分析,讨论我国养老保险的保障水平问题,首先,必须明确替代率的概念,尽管各界喜欢用替代率来衡量保障水平,但目前替代率概念和含义混乱。其次,一定的替代率目标必须与一定的条件相关联,明确这一点很重要,否则就失去了比较待遇水平的条件和基础。最后,单纯就替代率高低来判断待遇水平的高低在理论上不可行、不科学,实践上也是站不住脚的。因此,需要借鉴国际经验和相关理论,以及结合我国养老保障制度实际,对我国目前养老保险待遇水平进行综合考虑。

第一节 替代率的决定因素

初始养老金的多少,取决于缴费水平、缴费年限、退休年龄和个人账户收益率水平,之后年限的替代率与养老金增长和社平工资增长的关系相关。如果按社平工资的100%缴费,缴费35年以上,60岁退休,并且个人账户收益率基本与社平工资增长率同步,则可以实现初始养老金替代率基本达到政策设计的替代率目标(59%),若其中的任何一个条件得不到满足,都将影响待遇水平。国发〔2005〕38号文的59%的替代率目标也是在上述条件下才成立的。众所周知的国际劳工组织第128号公约规定的最低基本养老金替代率水平为40.5%,也是以缴费年限是否满30年作为一项区别条件:缴费满30

年并且有达到退休年龄配偶需要赡养的退休劳动者，其基本养老金替代率水平最低为45％；缴费不满30年者则按最低替代率90％的比例发放，即其替代率水平最低为40.5％。这一替代率水平可使退休人员的生活得到最基本的保障。

第二节　衡量保障水平需要考虑的因素

替代率水平仅仅是一个比值，其高低还不能完全反映保障的程度和水平，还需要一些其他的指标。如是不是多层次养老保障制度体系，社会全体老年人群的消费结构和实际购买能力，以及老年人分享经济增长的程度等方面。因此，本研究在将替代率作为衡量养老金待遇水平重要指标的同时，也着重考虑以下几个方面的指标。

一　基本养老金贡献率

我国养老保险建设的基本目标之一是"多层次"，因此，退休人员的保障水平应该把这一因素考虑在内。把退休人员所有的保障问题全部集中在基本的制度上，单纯通过看基本养老金的水平就得出结论，是不科学和不现实的，也有悖于我国养老保险制度的建设目标。我国已经确立了三个层次的养老保障体系目标，只有各个层次都发挥作用，才能实现较好保障退休人员生活的目标。

为了能够使指标可度量，本研究采用基本养老金贡献率指标来衡量多层次养老保障水平的高低。该指标是指基本养老金占退休人员收入来源的比重，可大概反映出基本养老金所发挥的作用。理论上说，该指标值越高，说明老年人退休生活的收入来源越单一，对基本养老保险制度的依赖性越强，其生活水平也相对较低。基本养老金贡献率指标的计算需要两项数据支撑，一项是退休人员的人均基本养老金水平，另一项是退休人员同期的人均总收入（如表6-1所示）。

表6-1　1998~2013年我国基本养老金贡献率情况

单位：元，%

年份	城镇老人年均可支配收入	城镇企业职工基本养老金	基本养老金贡献率
1998	7522.05	5576.03	74.13
1999	8048.60	6536.42	81.21
2000	8612.00	6620.69	76.88
2001	9214.84	6818.61	74.00
2002	9859.88	7959.49	80.73
2003	10550.07	8015.78	75.98
2004	11288.58	8263.60	73.20
2005	12085	9150.15	75.71
2006	13075.97	10407.50	79.59
2007	14148.20	11522.78	81.44
2008	15308.35	13194.39	86.19
2009	16563.64	15456.22	93.31
2010	17892.00	16221.44	90.66
2011	19391.45	17758.65	91.58
2012	20981.55	20350.91	96.99
2013	22702.03	22387.70	98.62

资料来源：城镇老人年均可支配收入数据来源于全国老龄委的《"中国城乡老年人口状况追踪调查"研究报告》。

从表中数据变化可以看出，1998~2013年我国基本养老金贡献率指标呈现波动式上升的特征，从1998年的74.13%大幅上升至2013年的98.62%，这说明我国目前大多数退休人员还是以基本养老金作为其退休生活的主要收入来源，而且对基本养老金的依赖性显著上升。2009年以来该指标值上升至90%以上，至2013年已接近100%，这意味着从总体情况来看，退休人员除了基本养老金外几乎没有其他收入来源，仅仅依靠强制性的基本养老保险制度所提供的养老金生活，但其保障水平是非常有限的。再结合前文分析的我国基本养老保障替代率水平的显著下降，可以发现退休人员的生活水平仅处于最基本的保障程度，无论从调节收入再分配的社会保障制度功能，还是从分享社会经济发展成果的角度来看，要提高退休人员的生活水平，必须要高度重视补充养老保险的发展。目前，美国基本养老金占老年人收入的比重大约为50%，瑞典大约为70%，都远远优于我国水平。因此，我国应强化养老多支柱制度建设，通过加快发展企业年金、为商业养老保险提供政策优惠、鼓励发展个人财产性收入等方式，使老年人能够获得多渠道的收入来源，真正提高退休后的生活水平和质量。

二 养老金占 GDP 的比重

养老金占 GDP 比重这一相对指标可以大体反映退休人员分享经济增长成果的程度。从表 6 - 2 可以看出，这一指标从 1997 年的 1.58% 增长到 2013 年的 3.25%；1999 年首次达到 2% 以上，为 2.15%；2010 年初次突破 3%，为 3.10%。

表 6 - 2   1997 ~ 2013 年我国基本养老金支出占 GDP 比重

单位：亿元，%

年份	基本养老保险基金支出	GDP	基本养老保险基金支出占 GDP 比重
1997	1251.33	78973.03	1.58
1998	1511.63	84402.28	1.79
1999	1924.85	89677.05	2.15
2000	2115.48	99214.55	2.13
2001	2321.26	109655.17	2.12

年份	基本养老保险基金支出	GDP	基本养老保险基金支出占 GDP 比重
2002	2842.91	120332.69	2.36
2003	3122.10	135822.76	2.30
2004	3502.10	459878.34	2.19
2005	4040.30	184937.37	2.18
2006	4896.66	216314.43	2.26
2007	5964.90	265810.31	2.24
2008	7389.60	314045.43	2.35
2009	8894.43	340506.87	2.61
2010	10554.90	340902.80	3.10
2011	12764.90	401512.80	3.18
2012	15561.80	473104.00	3.29
2013	18470.00	568845.00	3.25

资料来源：谭中和等《养老保障待遇水平研究报告》，2015。

这项指标的意义在于通过其历年数据变化，可直观判断出国家的经济增长投入退休人员养老金的情况。可以看出，自 2005 年以来，连续十年的提高调整使基本养老金规模和水平每年都有较大幅度的提升，基本养老保险制度在保障退休人员基本生活方面发挥了举足轻重的作用。可以说，我国作为全世界唯一一个老年人口过亿的国家（并且是发展中国家），能在短短 20 年内建立起基本养老保险制度并负担起规模庞大的退休人员基本养老金支出已是难能可贵。

但考虑退休人员人均基本养老金每年实际购买力的变化、在岗职工工资增长、通货膨胀，以及全体居民收入的提高等因素，国家对退休人员的养老金投入还处于相对较低的水平，也可以说退休人员参与分享社会经济发展成果的程度还相对较低。

三 实际养老金指数情况

退休人员养老金的实际购买力，才是保证退休人员生活水平不降低并能充分享受发展成果的根本所在。根据国际经验，衡量退休人员养老保障水平，还需要综合物价上涨、在职人员收入和居民收入情况进行考虑。因此，通过对比平均实际养老金指数、城镇居民消费价格指数和在岗人员实际工资指数，可以观察退休人员养老金的购买能力水平。

"平均实际工资指数"是指扣除物价变动因素后的就业人员平均工资指数，是反映实际工资变动情况的相对数，表明就业人员实际工资水平提高或降低的程度。

"平均实际养老金指数"则是指扣除物价变动因素后的退休人员平均养老金指数。退休人员平均实际养老金指数是反映实际养老金变动情况的相对数，表明退休人员实际养老金水平提高或降低的程度。

根据《中国统计年鉴》的有关定义和数据，计算出平均实际养老金指数和平均实际工资指数（见表6-3），以反映退休人员养老金实际购买力水平的变化和就业人员实际工资水平的变化，并对比城镇居民的消费价格指数，可以观察退休人员养老金的实际购买水平和能力。

表6-3　1990~2013年我国平均实际养老金指数、城镇居民消费价格指数与平均实际工资指数变化情况统计

年份	指数对比（上年 = 100）		
	平均实际养老金指数	城镇居民消费价格指数	平均实际工资指数
1990	114.82	101.3	109.2
1991	97.96	105.1	104.0
1992	110.67	108.6	106.7
1993	115.11	116.1	107.1
1994	99.41	125.0	107.7

年份	指数对比（上年 = 100）		
	平均实际养老金指数	城镇居民消费价格指数	平均实际工资指数
1995	101.85	116.8	101.8
1996	106.34	108.8	102.8
1997	109.51	103.1	104.5
1998	112.87	99.4	116.2
1999	117.93	98.7	113.2
2000	102.62	100.8	111.3
2001	102.17	100.7	115.3
2002	115.92	99.0	115.4
2003	101.72	100.9	111.9
2004	102.17	103.3	110.3
2005	106.66	101.6	112.5
2006	112.50	101.5	112.9
2007	109.08	104.5	113.4
2008	109.58	105.6	110.7
2009	110.93	99.1	112.6
2010	105.90	103.2	109.8
2011	106.08	105.3	108.6
2012	108.83	102.7	109.0
2013	107.12	102.6	110.1

资料来源：根据国家统计局历年《中国统计年鉴》整理。

从表6－3中可以看出各年份基本养老金实际购买力的变动情况。我国平均实际养老金指数绝大多数年份高于100，仅有1991年和1994年两年低于100，分别为97.96和99.41，这说明除这两年以外的其他年份，我国人均基本养老金的实际购买力都较上年有所提高，退休人员的生活水平在保持稳定的同时都有所上升。从扣除物价变动因素影响后的平均实际养老金指数来看,除 1991 年和 1994 年以外每年均较上年有所增加,说明人均养老金水平与通货膨胀率抵消后实际购买力仍有所提高。但是将平均实际养老金指数与平均实际工资指数相比,则发现退休人员平均实际基本养老金的增幅明显落后于在职人员实际平均工资的增长水平,尤其是 2000 年以来的十余年,除 2002 年以外,其余各年平均实际养老金指数均低于平均实际工资指数,其差额为年均相差 4.5 个百分点,这意味着退休人员尚未充分共享经济社会发展的成果。

第七章
最低养老金问题

第一节　最低养老金标准问题的提出

根据文献分析，最低养老金的理论依据源自 1982 年在维也纳召开的老龄问题世界大会所提出的"保障老年人的收入意味着作为一种公众政策应该确保老年人有足够的收入来源支付某一特定社会的最低标准的生活费用""必须解决保障、保护及维护老年人收入的问题"。在这次大会上通过的《行动计划》建议"各国政府采取适当行动保证所有年龄较长人士能有适当的最低收入……根据向所有老年人都提供保险的原则，建立或指定社会保险制度"，强调必须"确保老年人得到足够最低收入，合理地补偿以前的收入，以及继续调整收益水平，以使老年人分享国民生产率和生活水平的提高"[1]。

在实践中，北京、陕西等地结合本地社会经济发展程度以及资金承受能力，纷纷建立了不同水平的最低养老金标准，规定凡达不到最低养老金标准的，予以补齐。对于是否建立最低养老金问题，存在两种完全不同的意见和观点。一种意见认为，既然选择了公平和效率相结合的、缴费型的、待遇与缴费年限和缴费水平挂钩的养老保险制度，设立最低养老金就违背了制度建立的根本原则，会导致部分人群

---

① 景天魁：《论"底线公平"》，《北京日报》2006 年 5 月 29 日，第 17 版。

逆向选择的道德风险，使他们选择按最低水平缴费，缴纳最低年限参加养老保险。这种权利和义务的严重不对等，最终将使养老保险制度面临财务危机而难以健康持续发展。另一种意见则认为，从"底线公平"理论和社会公正和发展角度出发，建立最低养老金可以对社会所有退休人员养老金的收入形成一种托底的保障制度，可以达到在养老保险制度范围内实现所有退休人员"适度公平"和"保基本"的目标。

第二节　最低养老金的是与非

那么，在我国的养老保险制度中，是否需要建立最低养老金制度？我们的研究表明，答案是否定的。先看一下调研的案例。我国部分地区实行最低养老金政策。如陕西省规定，"最低养老金若低于《陕西省劳动和社会保障厅关于调整陕西省最低工资标准的通知》（陕劳社发〔2006〕95号）文件规定的企业参保登记的注册地所在县、区最低工资标准的90%的，按企业参保登记的注册地所在县、区最低工资标准的90%执行"。这种规定造成的影响是深刻的。2012年，陕西省离退休人员月养老金水平1937元，一类地区全日制最低工资标准为1000元/月，也就是说当年陕西省一类地区最低养老金为900元/月。同年，陕西省在岗职工平均工资为3589元。由于陕西省为养老保险省级统筹，可以设想两种情况：第一种情况，某人按省社平工资的60%连续缴费15年退休，则按照计发办法计算可领取的养老金待遇为430.68元；第二种情况，某人按省社平工资连续缴费15年退休，则可领取的养老金待遇为538.35元。不论哪种情况，对这些退休的人员都需要另外补贴养老金才能达到最低养老金水平，并且大约需要补贴一倍左右的数额（第一种情况需要每月增加469.32元，第二种情况需要增加 361.65 元）。这样一来，将有两个问题需要解决，一是补上的钱从哪里出？要么从养老保险基金里出，要么由统筹地区的财政出，尽管有些地区可能当下并不缺钱（如北京），但像陕西这样还要靠中央转移支付保发放的地区，资金来源就没有着落。二是即使钱没有问题，更为严重的是长期下去会产生"羊群效应"，部分参保单位和个人将纷纷效仿，特别是在目前灵活就业人员参保总体超过 60% 以上的情况下，最终最低养老金制度将使已经稳定运行的养老保险制度大厦轰然倒塌。这绝不是危言耸听。

最低养老金破坏了养老金计发办法，鼓励参保人少缴费（按最低缴费工资基数缴费）、短缴费（选择缴费满 15 年后不再继续缴费），这会对我国养老保险制度构成较大冲击。

有人认为，满足困难人群最基本的生存和发展需要是国家的责任和全民的义务，最低养老金是为了追求公平公正，因此，可以在不破坏现有养老保险制度和计发办法基础上，设计合理的最低养老金标准。这是对我国的社会保障体系不了解所致。我国已经初步建立了覆盖全民的多层次社会保障体系，就养老保障而言，除了基本的养老保险制度外，还有针对困难人群的最低生活保障等社会救助制度，针对高龄老人、残疾人等的社会福利制度等。单就基本养老保险制度而言，还包括城镇职工基本养老保险和城乡居民的基本养老保险制度。这些制度就是为了防止老年贫困而设计。职工基本养老保险制度应严格遵循权利和义务、公平和效率对等原则，在计发办法中引入了社会平均工资、个人缴费指数和个人账户，就是公平和效率的具体体现。最低养老金制度视已有的养老保险政策规定于不顾，实际上是变相地将社会保险型的职工基本养老保险引向福利化制度模式，完全不符合中国的国情和我国建立社会养老保险制度的初衷。

第八章
我国职工基本医疗保险筹资问题

社会保险的筹资机制是指在一定的法律法规框架下，资金筹集模式、标准及结构在一定时期和环境下相对稳定的程序、方式。医疗保险筹资是指在固定的筹资模式下的筹资标准和筹资结构。我国基本医疗保险实行社会保险模式，职工医保资金来源于单位和个人缴费，城乡居民医保来源于个人缴费和财政补贴。医保的筹资标准包括筹资标准的确定和调整，对于职工医保来说就是单位和个人费率，对于城乡居民医保来说就是个人缴费额和财政补贴额。筹资结构主要包括筹资的来源渠道、责任分担机制和基金管理模式等方面。

第一节　我国医保筹资机制发展历程和现状

医疗保险的筹资随着医疗保险制度的改革发展而不断发展变化。我国的医疗保险筹资机制的发展大致经历了三个阶段。

第一阶段为计划经济时期国家或单位（集体）为主承担医疗资金筹集阶段（新中国成立后到改革开放前）。新中国成立后，原政务院于1951年发布《中华人民共和国劳动保险条例》，开始在全国实施劳保医疗，享受对象是全民所有制企业正式职工及其供养的直系亲属。劳保医疗费按照企业职工工资总额的一定比例提取，费用从企业生产成本项目中列支。在职职工从职工福利费中开支，离退休人员从劳动保险费中开支，由企业自行管理。一些有条件的企业自办医疗机构，其经费和医疗费用全部在企业福利费中开支。企业职工供养的直系亲属享受劳保医疗补助待遇，实行半费医疗制度。

1952年，根据原政务院发布的《关于全国各级人民政府、党派、团体及所属事业单位的国家工作人员实行公费医疗预防的指示》，在行政、事业单位中实行公费医疗制度。享受对象是各级政府机关、党派、人民团体及教科文卫等事业单位的工作人员及部分伤残军人，后来扩大到高等学校学生。公费医疗经费由国家和各级政府财政预算拨款。其工作人员子女患病，由各机关自行选择实行单位统筹办法或由工作人员自理。

在农村，通过"合作医疗"方式解决农民的就医问题。农村合作医疗基金主要来自集体经济公益金，参加农村合作医疗的农民个人缴纳一定的保健费①。

这一阶段公费医疗和劳保医疗的筹资特点是，劳动保险费由企业缴纳，职工个人不需要缴费；公费医疗的经费由各级政府财政预算拨款；农村医疗费资金主要来自集体。公费医疗、劳保医疗的筹资缺乏保障。特别是到了"文革"后期，很多困难企业职工及部分经济情况较差的事业单位职工医疗费用报销越来越困难，普遍存在企业欠费、机关事业单位挂账现象，致使医疗机构取消了合同记账单，职工就医均为先自付，再回单位报销，绝大部分企业已经无法执行劳保医疗制度规定。随着农村集体经济的解体，绝大部分的农村合作医疗制度由于缺乏资金也难以为继。

第二阶段为引入个人费用分担机制的改革探索阶段（1984～1998

---

① 如湖北省长阳县乐园公社实现合作医疗制度的筹资是"根据社员历年来的医疗情况、用药水平，确定每人每年交1元钱的合作医疗费，每个生产队按照参加人数，由公益金中再交1角钱"（见《深受贫下中农欢迎的合作医疗制度》，《人民日报》1968年12月5日）。

年）。从 1984 年开始，各地试行在劳保医疗和公费医疗中，通过定额包干、个人负担一定比例等办法实行职工个人适当分担部分医疗费用，探索试点医疗费用社会统筹制度。从 1987 年开始，北京、四川等地区进行离退休人员医疗保险费用和职工大病医疗费用社会统筹试点。特别是 1994 年 4 月，原国家体改委、财政部、劳动部、卫生部联合制定《关于职工医疗制度改革的试点意见》，明确了职工医疗保险费用筹资办法，提出"职工医疗保险费用由用人单位和职工共同缴纳。用人单位缴费，参照本城市上年实际支出的职工医疗费用换算成职工工资总额的一定比例缴纳。不超过职工工资总额 10% 的，由省人民政府决定。超过职工工资总额 10% 的，由省人民政府审核后，报经财政部批准""国家机关、全额预算管理的事业单位和差额预算管理的全民所有制单位，由各单位预算内资金开支；差额预算管理的其他事业单位及自收自支预算管理的事业单位，由单位提取的医疗基金中开支；企业在职职工从职工福利费中开支，离退休人员在劳动保险费中开支。职工个人缴费，先从本人工资的 1% 起步，由用人单位从职工工资中代扣，随经济发展和工资增加逐步提高。个体劳动者的医疗保险费用，按照当地平均水平，全部由个人缴纳"，并且提出了今后根据经济、社会发展情况和实际医疗费用水平适时调整。

这一阶段的改革探索，特别是后来经国务院批准先后在江苏省镇江市和江西省九江市进行的"两江试点"，奠定了职工医疗保险筹资机制的基础。通过改革试点，建立了个人账户和医疗费用个人自付制度，明确了个人承担医疗费用的责任，形成了医疗保险费用分担机制，增强了职工个人的医疗费用控制意识。通过建立单位和个人共同缴费的筹资机制，明确了国家、单位和个人医疗保险缴费责任，实现了医疗费用由国家"大包大揽"向国家、单位和个人三方共负转变。

　　第三阶段为建立医疗保险多方筹资机制阶段（1999年至今）。
1998年12月，国务院发布《关于建立城镇职工基本医疗保险制度的
决定》（国发〔1998〕44号），明确了医疗保险改革的目标、原则和
主要政策。其中，对于建立筹资机制方面规定：根据财政、企业和个
人的承受能力，建立保障职工基本医疗保险需求的社会医疗保险制
度。基本医疗保险的水平要与社会主义初级阶段生产力发展水平相适
应；基本医疗保险费由用人单位和职工双方共同负担。分别于2003
年和2007年开始试点的新农合和城镇居民基本医疗保险制度，也确
定了个人缴费、财政补助的办法。至此，我国基本医疗保险筹资机制
逐步形成。表8-1列出了我国基本医保制度筹资的发展过程。

第二节　医保筹资政策及运行现状

　　我国基本医疗保险制度包括职工医保和城乡居民医保两个制度。
从资金筹资上看，职工医保是典型的社会医疗保险制度模式；城乡居
民医保是个人缴费、财政补贴、集体补助，带有浓厚的福利色彩。医
保政策体系在不断改革、发展、完善，相应的筹资机制也在不断改革
之中。

一　职工基本医疗保险筹资

1. 筹资政策

职工医疗保险费本质上是一种工资费，这一工资费由单位（雇
主）和职工（雇员）共同缴纳。按照国发〔1998〕44号文件规定，
用人单位缴费率控制在在职职工工资总额的6%左右，各统筹地区可
按照当地情况合理确定，缴费基数为全部在职职工工资总额。职工缴

表8-1 我国基本医疗保险制度筹资政策与支付政策的发展演变历程

年份	政策文件	筹资政策				待遇水平	
		筹资渠道	筹资结构和标准	调整机制	资金管理	支付政策	支付原则
1998	国务院关于建立城镇职工基本医疗保险制度的决定（国发〔1998〕44号）	由用人单位和职工共同缴纳	用人单位缴费率应控制在职工工资总额的6%左右，职工缴费率一般为本人工资收入的2%	随着经济发展，用人单位和职工缴费率可做相应调整	基金纳入财政专户管理。用人单位缴纳的基本医疗保险费，全部计入个人账户。用人单位缴纳的基本医疗保险费分为两个部分，一部分用于建立统筹基金，另一部分划入个人账户。划入个人账户的比例，一般为用人单位缴费的30%左右	统筹基金的起付标准和最高支付限额。起付标准原则上控制在当地职工年平均工资的10%左右，最高支付限额原则上控制在当地职工年平均工资的4倍左右。起付标准以下的医疗费用，从个人账户中支付或由个人自付。起付标准以上、最高支付限额以下的医疗费用，主要由统筹基金中支付，个人也要负担一定比例	以收定支、收支平衡、略有结余
2003	关于建立新型农村合作医疗制度的意见（国办发〔2003〕3号）	实行个人缴费、集体扶持和政府资助相结合的筹资机制	农民个人每年的缴费标准不应低于10元；地方财政每年对参加新型农村合作医疗的资助不低于人均10元；有条件的乡村集体经济组织应对本地新型农村合作医疗制度给予适当扶持	具体补助标准和分级负担比例由省级人民政府确定	专款专用、专户储存	农村合作医疗基金主要补助参加新型农村合作农民住院医疗费用或大额医疗费用。有条件的地方，可实行大额医疗费用补助与小额医疗费用补助结合的办法	以收定支、收支平衡、略有结余

续表

年份	政策文件	筹资政策机制			资金管理	待遇水平	
		筹资渠道	筹资结构和标准	调整机制		支付政策	支付原则
2007	国务院关于开展城镇居民基本医疗保险试点的指导意见（国发〔2007〕20号）	以家庭缴费为主，政府给予适当补助	对试点城市的参保居民，政府每年按不低于人均40元给予补助，对其中有条件的用人单位可以对职工家属参保缴费给予补助	根据当地的经济发展水平以及成年人和未成年人群等不同人群的基本医疗消费需求，并考虑当地居民家庭和财政的负担能力，恰当确定筹资水平；探索建立筹资水平、缴费年限和待遇水平相挂钩的机制	基金纳入社会保障基金财政专户统一管理，单独到账	重点用于参保居民的住院和门诊大病医疗支出，有条件的地区可以逐步试行门诊医疗费用统筹	以收定支、收支平衡、略有结余
2009	国务院办公厅关于印发医药卫生体制五项重点改革2009年工作安排的通知（国办函〔2009〕75号）		政府对新农合和城镇居民医保人均每年80元补助			城镇职工医保、城镇居民医保和新农合的统筹基金最高支付限额原则上分别提高到当地职工年平均工资、居民可支配收入和农民人均纯收入的6倍左右。已建立大额医疗费用补助的地区可于2010年达到该标准	

131

续表

年份	政策文件	筹资政策机制				待遇水平	
		筹资渠道	筹资结构和标准	调整机制	资金管理	支付政策	支付原则
2010	国务院办公厅关于印发医药卫生体制五项重点改革2010年度主要工作安排的通知(国办函〔2010〕67号)		各级政府对新农合和城镇居民医保补助标准提高到每人每年120元,适当提高个人缴费标准		大力推广就医"一卡通"办法。推行按人头付费、按病种付费、总额预付等支付方式	城镇居民医保和新农合政策范围内住院费用报销比例达到60%以上,城镇职工医保报销比例有所提高。所有统筹地区城镇职工医保、城镇居民医保和新农合的统筹基金最高支付限额分别提高到当地职工年平均工资、居民人均可支配收入和全国农民人均纯收入的6倍以上,基层医疗卫生机构门诊费用报销比例明显高于医院	
2011	国务院办公厅关于印发医药卫生体制五项重点改革2011年度主要工作安排的通知(国办发〔2011〕8号)		进一步提高筹资标准,政府对新农合和城镇居民医保补助标准均提高到每人每年200元,适当提高个人缴费标准		建立基金运行分析和风险预警制度,控制基金结余,提高使用效率。职工医保和城镇居民医保基金结余过多的地区要把结余逐步降到合理水平;新农合当年结余和累计结余率控制在15%以内,当年统筹基金结余不超过当年统筹基金的25%。对结余过多基金收不抵支的地区要采取切实有效措施确保基金平稳运行	城镇居民医保、新农合政策范围内住院费用支付比例力争达到70%左右。所有统筹地区职工医保、城镇居民医保和新农合政策范围内统筹基金最高支付年平均工资、当地居民年可支配收入和全国农民人均纯收入的6倍以上,且均不低于5万元	

续表

年份	政策文件	筹资政策机制			待遇水平		
		筹资渠道	筹资结构和标准	调整机制	资金管理	支付政策	支付原则
2012	国务院关于印发"十二五"期间深化医药卫生体制改革规划暨实施方案的通知(国发〔2012〕11号)		到2015年,城镇居民医保和新农合政府补助标准提高到每人每年360元以上,个人缴费水平相应提高	探索建立与经济发展水平相适应的筹资机制	加快推进基本医保和医疗救助即时结算,使患者看病只需支付自负部分费用,其余费用由医疗机构经办结算。建立异地就医结算机制,2015年全面实现统筹区域内和省内医疗费用即时结算,初步实现跨省医疗费用异地即时结算	职工医保、城镇居民医保、新农合政策范围内住院费用支付比例均达到75%左右,明显缩小与实际支付比例之间的差距;进一步提高最高支付限额。城镇居民医保和新农合门诊统筹覆盖所有统筹地区,支付比例提高到50%以上;稳步推进职工医保门诊统筹	
2012	国务院办公厅关于印发深化医药卫生体制改革2012年主要工作安排的通知(国办发〔2012〕20号)		继续提高基本医疗保障水平。政府对新农合和城镇居民医保补助人均标准提高到每人每年240元,个人缴费水平相应提高,人均筹资达到300元左右		积极推行按人头付费、按病种付费、按床日付费、总额预付等支付方式改革	职工医保、城镇居民医保和新农合政策范围内统筹基金最高支付限额分别提高到当地职工年平均工资的6倍以上、当地居民年人均可支配收入的6倍以上、全国农民年人均纯收入的8倍以上,且均不低于6万元。城镇居民医保和新农合政策范围内住院费用支付比例分别达到70%以上和75%左右,逐步缩小与实际住院费用支付比例之间的差距。门诊统筹支付比例进一步提高。探索通过个人账户等方式逐步建立职工医保门诊统筹	

续表

年份	政策文件	筹资政策机制				待遇水平	
		筹资渠道	筹资结构和标准	调整机制	资金管理	支付政策	支付原则
2013	国务院办公厅关于印发深化医药卫生体制改革2013年主要工作安排的通知(国办发〔2013〕80号)		城镇居民医保和新农合政府补助每人标准提高到280元,城乡居民个人缴费水平相应提高	鼓励有条件的地方积极探索建立与经济发展水平相适应的筹资机制		城镇居民医保和新农合政策范围内住院费用支付比例分别提高到70%以上和75%左右,进一步缩小与实际住院费用支付比例之间的差距,适当提高门诊医疗保障待遇	
2014	国务院办公厅关于印发深化医药卫生体制改革2014年重点工作任务的通知(国办发〔2014〕24号)		城镇居民医保和新农合政府补助标准提高40元,达到320元,个人缴费同步新增20元	重点解决科研筹资机制不健全等问题。完善政府、单位和个人合理分担的基本医保筹资机制,根据经济社会发展和城乡居民收入水平逐步提高筹资标准,强化个人缴费责任和意识。研究建立稳定可持续的筹资动态调整机制,在逐步提高筹资标准的同时,按照积极稳妥、逐步到位原则,逐步提高个人缴费占整体筹资的比重		城镇居民医保和新农合政策范围内住院费用支付比例分别达到70%以上和75%左右,进一步提高支付比例,适当提高城镇居民医保和新农合门诊统筹待遇水平	

续表

| 年份 | 政策文件 | 筹资政策机制 | | | | 待遇水平 | |
		筹资渠道	筹资结构和标准	调整机制	资金管理	支付政策	支付原则
2015	国务院办公厅关于印发深化医药卫生体制改革 2014 年工作总结和 2015 年重点工作任务的通知（国办发〔2015〕34 号）		2015 年城镇居民医保和新农合政府补助标准均提高到 380 元，城镇居民个人缴费达到个人均达到 120 元左右			2015 年，城镇居民医保和新农合政策范围内门诊费用支付比例达到 50%，政策范围内住院费用支付比例达到 75% 左右	

资料来源：笔者根据国务院及相关部委文件整理。

费率一般为本人工资收入的 2%，有条件的地区可适当提高个人缴费率，缴费基数为本人工资收入。城镇灵活就业人员的筹资政策由各统筹地区按照实际情况进行设计。综合各地相关文件发现，各地区通常采取区别对待的方式，允许参保者自主选择待遇。若选择与有雇主职工一致的待遇结构，则个人需缴纳雇主和雇员的全部缴费份额，缴费基数通常为上年度该统筹地区社会平均工资；若选择只有统筹基金的模式（单建统筹模式），则个人按照职工医保划入统筹基金的部分确定费率。城镇职工医保保费的征缴机构有人力资源和社会保障部门所属部门及税务部门所属部门两类。但是，无论哪一部门负责征收，相应资金都直接转入相应财政专户，实行收支两条线管理，专款专用。根据课题组调查，2014 年职工基本医保政策的筹资比例大致为：单位 7%，个人 2%。

2. 基金管理和支付政策

基金管理上，城镇职工医保实行社会统筹和个人账户相结合模式，统筹基金和个人账户划定各自的支付范围，分别核算，不得相互挤占。职工个人缴纳的基本医疗保险费，全部计入个人账户。用人单位缴纳的基本医疗保险费分为两部分，一部分用于建立统筹基金，一部分划入个人账户。划入个人账户的比例一般为用人单位缴费的 30% 左右，具体比例由统筹地区根据个人账户的支付范围和职工年龄等因素确定。

基本医疗保险统筹基金由用人单位缴纳的部分医疗保险费构成。按规定用人单位将按本单位职工工资总额 6% 缴纳的基本医疗保险费的 70% 左右纳入统筹基金。住院待遇起付标准以上、最高支付限额以下的医疗费用，主要从统筹基金中支付。统筹基金主要用于住院（大病）医疗费用支出，起付线原则上为当地职工年平均工资的 10% 左右。

职工个人缴纳的基本医疗保险费全部计入个人账户。用人单位缴纳的保费中大约30%也划入个人账户。个人账户一般主要用于门诊（小病）医疗费用支出。

根据笔者调查，2014年实际单位缴费划入个人账户的比例平均为1.46%，单位缴费划入退休人员个人账户的比例平均为1.58%，高出0.12个百分点。

为保证公费医疗和劳保政策的连续性，职工医保对于离休人员、老红军、乙级以上革命伤残军人、国家公务员、特定行业职工、国有企业下岗职工等有着一定的政策调整。但其基本框架仍然为城镇职工基本医疗保险。

有些地区突破政策限制。调查发现，部分地区个人账户采取定额划拨办法。如北京市自2005年起就改为定额划拨①，上海市自2008年度开始也实行了定额划拨。

二　城乡居民基本医疗保险筹资

城镇居民基本医疗保险自2007年开始试点，规定覆盖城镇非从业居民的基本医疗保险，但实际其主要覆盖人群为未被城镇职工医保覆盖的城镇居民。从2010年开始，城镇居民医保在全国铺开，主要提供住院大病保障的自愿参保项目，主要覆盖城镇中不属于城镇职工医保覆盖范围的中小学学生、少年儿童和其他非从业城镇居民。

1. 筹资政策

城镇居民医保筹资采取家庭定额缴费与政府补贴相结合的方式，有条件的用人单位可对职工家属参保缴费给予补助。在实践中，家庭所缴纳的个人参保费用实际上按照年龄有所调整。2007年，成年人筹资标准一般

---

① 北京市2005年规定，职工基本医疗保险划入个人账户改为定额划入，70岁以上退休人员个人账户按每人每月110元，70岁以下退休人员个人账户按每人每月100元划入。

在 150 ~ 300 元，平均为 236 元；未成年人筹资标准一般在 50 ~ 100 元，平均为 97 元①。2012 年居民医保人均筹资水平为 313 元，其中个人缴费 68 元，财政补助 245 元。2013 年人均筹资达到 360 元。

在财政补贴方面，中央和地方政府分担，中央对部分地区提供补贴（见表 8 - 2）。中央对各地区的财政补贴采用人头费形式，主要对中西部地区补贴。相应的人头费计算主要考虑参保者户籍所处地区及参保者身份。户籍所在地区因素指中央财政对中西部地区的户籍人口每人按照一定数予以补助，对东部户籍人口则参照新农合补助办法。此外，如果中西部户籍的参保者符合如下条件，中央政府将向地方政府提供相应附加补贴。以 2007 年为例，对属于低保对象或重度残疾的学生和儿童参保所需的家庭缴费部分，中央财政对中西部地区按每年人均 5 元给予补助（要求政府每年按不低于人均 10 元给予补助）；对其他低保对象、丧失劳动能力的重度残疾人、低收入家庭 60 周岁以上的老年人等困难居民参保所需的家庭缴费部分，中央财政对中西部地区按人均 30 元给予补助（要求政府每年再按不低于人均 60 元给予补助）。与职工医保类似，居民医保保费征缴后纳入财政专户管理。

表 8 - 2　中央和政府对各地区城镇居民医保的财政补贴情况

年份	政府最低补贴额	中央财政补贴额	
		对中西部	对东部
2007	基础补贴：40 元/人；家庭缴费的减免：依人群身份确定	20 元/人；家庭缴费的减免：依人群身份确定	参照新型农村合作医疗的补助办法
2008	基础补贴：80 元/人	40 元/人	参照新型农村合作医疗的补助标准同步提高

①　王东进关于城镇居民基本医疗保险试点评估情况的报告，2008，http://www.gov.cn。

续表

年份	政府最低补贴额	中央财政补贴额	
		对中西部	对东部
2009	基础补贴：80 元/人	40 元/人	参照新型农村合作医疗的补助标准同步提高
2010	基础补贴：120 元/人	40 元/人	补助标准同比例提高
2011	基础补贴：200 元/人	0～120 元部分：60 元/人；120～200 元部分：64 元/人（西部），48 元/人（中部）	120～200 元部分：按一定比例补助
2012	基础补贴：240 元/人	0～120 元部分：60 元/人；120～200 元部分：64 元/人（西部），48 元/人（中部）；200～240 元部分：32 元/人（西部），24 元/人（中部）	120～200 元部分：按一定比例补助；200～240 元部分：按一定比例补助
2013	基础补贴：284 元/人		

资料来源：根据政策文件和调研情况整理。

2. 基金支付政策

城镇居民医保基金重点用于保障参保居民的住院和门诊大病医疗支出，除此之外有相当多的地区实行门诊医疗费用统筹。这有别于城镇职工医保。

在其他方面，居民医保和职工医保类似，大部分地区的居民医保延续职工医保的管理模式，其三大目录也沿用职工医保规定，仅是报销待遇水平稍有不同。

第三节　我国基本医保筹资的主要特点

回顾我国医保筹资机制的形成发展，目前我国基本医保的筹资机制呈现以下几个方面的趋势，一是筹资标准普遍提高，二是筹资渠道趋向多元化，三是职工医保单位缴费划入个人账户比例减少，四是城乡居民实行定额筹资，并且表现出按年龄、户籍、经济状况等的差异性。归结起来主要有以下几方面的特点。

一　职工基本医疗保险

一是在筹资结构上，职工医保的筹资责任主体是统筹地区政府，严格说是人社部门的医疗保险经办机构；筹资的对象是单位和个人；筹资渠道为单位工资总额和职工个人工资，也就是说，目前职工医保的筹资是紧盯着职工工资水平，也就是各级统计部门的职工平均工资（2008 年后改为在岗职工平均工资）；财务模式属于现收现付制，实行"以收定支、略有结余，保持基金基本平衡"。二是在筹资标准上，单位费率在 6% 以上，个人费率基本保持在 2%。多数地区根据经济发展水平和单位承受能力，并考虑待遇水平因素，单位费率大多超过6%。从近 5 年的情况看，城镇职工医保平均费率为 9%，其中统账结合单位费率为 7.36%、个人费率为 2.19%，单建统筹费率为3.81%。三是在费率调整机制上，国家提出根据经济发展水平和单位、个人的承受能力调整费率。事实上，由于职工医保统筹层次较低，大多在地市级，各地调整单位费率的频率比较高，有的地区一个统筹年度调整一次，并且调整的主要依据是医保待遇水平和基金的收支情况，这在一些地区造成筹资随待遇"水涨船高"的现象。

二　城乡居民基本医疗保险

在筹资结构上，筹资的责任主体是中央政府，主要通过普惠和定向补贴体现政府的筹资责任。从表 8-1 各年度的政策文件可以看出，无论是新型农村合作医疗制度还是城镇居民医疗保险制度，还是已经合并实施的城乡居民基本医疗保险制度，政府都加大了对参保居民的资金支持，以体现家庭缴费为主、政府给予适当补助的原则；城乡居民医保基金的财务模式也是现收现付制，遵循"以收定支、略有结余"原则。

在筹资标准上，不论是个人缴费还是政府补助，筹资水平都不断提高。在个人缴费方面，根据地区经济发展水平和家庭负担能力分档筹资。2003年新农合制度建立时规定农民个人每年的缴费标准不应低于10元，经济条件好的地区可相应提高缴费标准。2012年新农合和城镇居民医保人均筹资达到60元左右。2014年城镇居民医保和新农合个人缴费继续增加20元。筹资水平逐年提高使城乡居民享有更高水平的保障待遇。在政府补助方面，近年来从中央到省、市、县级都加大对城乡居民医保基金的补助。新农合从2003年开始，地方财政每年对参合农民的资助不低于人均10元。城镇居民医保从2007年开始就规定政府每年按不低于人均40元给予补助。到2012年，政府对新农合和城镇居民医保补助标准提高到每人每年240元。2013年、2014年和2015年人均政府补助标准分别提高到280元、320元和380元。同时，在此基础上实行定向补贴。最低生活保障人员、生活困难补助人员、残疾人、城镇优抚对象、退养人员、退离居委会老积极分子、去世离休干部无工作配偶等困难人群个人几乎不用缴费，基本都由政府全额补助。另外，中央政府建立对中西部地区的补贴机制，中央财政每年通过转移支付对中西部参保居民实行定向定额补助。

三　筹资机制的改革探索

由于我国基本医疗保险统筹层次大多在地市级或县市级，各地在实施中根据地方经济社会发展情况，在筹资机制上有所突破和创新。一是设立缴费年限，由于国家政策规定职工医保退休人员不再缴纳医保费，绝大多数地区设立了一定的缴费年限，只有达到缴费年限（含视同缴费年限）的人员，达到退休年龄时才不缴费，否则，退休后必须继续缴纳医保费。二是有些地区实行退休人员缴费或退休时一次性缴费。如武汉市原有退休人员需按上年度全市职工平均工资的50%一次性趸缴基本医疗保险费，由单位缴纳（灵活就业人员等个人参保者自行负担）；广东惠州市在个人退休之后，单位再为其缴纳10年（趸缴或期缴）的医保费。三是在支付压力下，一些地区采取调整缴费基数的办法。尽管大多数地区的个人缴费基数基本保持在工资水平的60%~300%，但一些地区采取将基本工资变更为工资总额、变相调高缴费比例下限等办法，提高费率水平。如陕西省安康市2015年将原来以职工基本工资为缴费基数，改为以职工工资总额为缴费基数；广东省江门市自2010年起将缴费基数下限从60%改为80%等。四是单位缴费划入个人账户的比例逐渐减小。如湖北省黄冈市原来除了个人缴纳的2%划入个人账户外，单位缴费部分划入个人账户比例按年龄段划分，49岁及以下划入1.2%，50岁及以上划入1.5%，退休人员划入3.7%，现在改为个人账户总的比例（包括个人自缴和单位划拨）为35岁以下3%，36~49岁3.2%，50岁至退休前3.5%，60~74岁3.8%，74岁以上4%。还有的地区将按比例划拨改为定额划拨，如北京市、上海市等实行定额划拨个人账户办法①。

城乡居民医疗保险筹资按照年龄、经济状况、户籍等分布呈现差异化的特点。在年龄方面，重点对新生儿、18周岁以下未成年人和

---

① 北京市原政策规定，单位缴费部分划入个人账户的比例按年龄段划分：不满35周岁按0.8%；35周岁以上不满45周岁按1%；45周岁以上按2%；不满70周岁退休人员按4.3%；70周岁以上退休人员按4.8%。自2005年起改为定额划入：70周岁以上退休人员个人账户每人每月110元，70周岁以下退休人员个人账户按每人每月100元划入。上海市2000年的政策规定，单位缴费部分划入个人账户比例：34周岁以下按上一年度本市职工年平均工资的0.5%；35周岁至44周岁按1%；45周岁至退休按1.5%；退休至74周岁按4%；75周岁及以上按4.5%。上海市自2008年起实行定额划拨。

60 周岁以上老年人实行特殊筹资政策。不少地区规定,新生儿出生当年随其母医保缴费状态获得享受居民医保待遇资格;其母未参加居民医保或当期未缴费的,新生儿自出生 10 个月内办理参保缴费手续后,自出生之日起按规定享受居民医保待遇。在经济状况和户籍方面,各地普遍对就业年龄段居民与其他年龄段居民参加居民医保规定了不同的筹资标准;城乡之间也体现出比较明显的筹资差异,城镇居民基本医疗保险的筹资水平高于新型农村合作医疗。2013 年城镇居民医保人均筹资为 323 元/年(政策规定为 320 元),而新农合人均筹资为 308.5 元/年。另外,各地在制定城镇居民医保筹资政策时都突出体现对于困难人群的政策倾斜,但在筹资渠道上有较大差异。有的地区规定对于农村五保供养对象、城乡最低生活保障对象以及因病造成生活特别困难并经当地政府批准的其他人员,个人缴费部分通过城乡医疗救助等渠道予以资助。有的地区规定对于困难人群由财政给予全额补贴。还有的地区在城乡医保整合中根据地区经济发展水平和家庭可支配收入进行分档筹资①。

第四节　我国基本医疗保险筹资面临的主要问题

一　职工医保方面

一是缴费分担机制不合理,单位缴费负担过重。当前,我国职工医保单位和个人的缴费分担比例为 3:1,远高于国际上 1:1 或 2:1 的比

---

① 例如山东省济南市拟定了三档参保缴费标准。一是"学生儿童档"80 元,由于原参加城镇居民医保的学生儿童缴费标准为 40 元,原参加新农合的为 80 元,整合后统一到新农合标准;二是"成年居民一档"300 元,相当于原参加城镇居民医保的成年居民缴费标准;三是"成年居民二档"100 元,相当于原参加新农合的成年居民缴费标准。成年居民缴费档次由参保人在"成年居民一档"和"成年居民二档"中自愿选择。

例设计。这一分担比例使企业的缴费负担过重，影响了企业的竞争力。

二是缴费渠道来源单一，历史欠账没有着落。职工医保费用主要来源于单位和个人缴费。缴费渠道来源单一。近几年来一些企业效益不好，企业和职工中断缴费或拖欠医保费问题突出。2014 年职工医保参保退休人员达到 7255 万人，这些退休人员大多数属于"老人"或者"中人"。由于绝大多数地区退休人员不缴费，退休人员的医疗费用靠在职人员的缴费支撑，并且退休人员的医疗费大大高于在职人员的缴费。财政对职工医保的"老人"和"中人"没有相应的医疗保险费用补偿。

三是单位筹资标准（费率）总体偏高，并且在地区之间、行业之间和不同就业人群之间不平衡。目前我国单位费率平均在 6%～9%，个人平均 2.6%，单位费率偏高。而且费率结构在地区之间不均衡、不尽合理。单位缴费率在不同地区之间差异很大。有的地区只有 6%，有的达到 9%。从行业看，由于医保费按参保人头计征，劳动密集型的生产企业、建筑型施工企业和一些能吸纳大量就业人员的服务行业，与资本、技术及管理密集型企业之间缴费负担出现严重不均。

四是缴费确定机制尚欠公平，未体现量能原则。从缴费计征的标准看，缴费基数紧盯职工工资。目前，城镇居民的收入构成已经发生了很大变化。2013 年居民收入中工资性收入只占 64%，并且占比逐年下降，然而，收入越低的人群，其工资性收入的占比越高，因此，仅仅将工资作为基数计算医保费，收入相对较低的人群缴费负担较重。

五是个人账户资金划拨比例过高，削弱了互助共济功能。职工医保个人账户本质上属于医疗储蓄账户，按照政策规定，除个人缴费纳入个人账户外，还将 30% 的单位缴费划入个人账户，这使得实际用于互助共济的资金占比不到 50%，严重削弱了职工医保的保障能力。

六是各地筹资政策不统一，筹资标准差异较大。由于职工基本医疗保险统筹层次较低，不仅单位费率差距大，而且不同地区在最低缴费年限的设置，以及退休人员是否缴费等问题上，也存在较大差异。有的地区规定最低缴费年限男性为 30 年（含视同缴费年限），有的地区仅为 15 年。有的地区按性别划分缴费年限。

二　居民医保方面

一是定额筹资缺乏正常的增长机制。采用定额筹资的方式，筹资规模及增长幅度均由各级政府来决定，没有形成正常的随居民收入水平自动增长机制。个人缴费增长和财政补贴增长未遵循共同的增长机制。

二是财政筹资负担越来越重。政府在居民的医保筹资上，承担着越来越重的出资责任，个人筹资水平增长有限。财政将背负越来越大的责任。

三是筹资责任不统一，与收入相关性较差。定额缴费方式按照人群风险程度确定保费，风险较低的学生群体的保费较低，风险较高的人群则保费相对较高，这种基于风险程度的保费确定方式违背了按照缴费能力确定的公平性原则。个人缴费金额与收入的相关性较差，收入过高的人群并未缴纳更高的保费。尽管各地普遍对低保户等人群进行了个人缴费的减免，但总体看中低收入人群的缴费负担较重。

四是筹资与待遇不匹配，基金支出风险大。政府补贴水平和待遇调整没有精算依据，待遇水平的提高没有充分考虑筹资水平、自身的财务平衡能力等因素，筹资能力和待遇提升不匹配，基金不平衡的矛盾越来越突出。

五是不同层级政府间的筹资责任不规范。现行筹资政策虽然明确了中央政府和地方政府对西部地区的筹资责任，但并没有明确省、市、县三级政府的责任分摊比例，财政补贴办法不规范。中央财政补贴比例总体呈逐年上升趋势，市级以下财政补助总体呈逐步下降趋势。另外，分担比例的确定也有较大的随意性，分配结果既不科学也不合理。

第五节　基本医疗保险筹资的理论分析

一　医疗保险筹资的基本理论问题

从理论上看，社会医疗保险的组织过程具有供给组织的一般功能，即配置功能、融资功能和分配支付功能。筹资是融资功能的具体体现，它解决医疗保险制度中的资金通过哪些途径筹措、如何弥补成本等问题。筹资中各个要素的存在和联系是机制存在的前提，因而筹资机制是各要素之间的关系问题，也是协调各个部分之间关系的具体运行方式。筹资机制把医疗保险的各个部分有机结合起来（如筹资机制与待遇支付问题、筹资机制与财务模式问题等）。因此，对筹资机制围绕筹资责任、筹资水平、筹资渠道和筹资模式进行讨论。筹资责任是由风险的类型决定的。尽管疾病发生在个体身上，但人的社会属性和疾病风险的外部性决定了疾病的风险不是单纯的个体风险，而是家庭风险和社会风险，也是公共风险。因而抵御和防范风险所需要的资金需要通过个人、家庭、企业和政府来筹措。医疗保险的筹资应强调家庭责任，防止因实行社会医疗保险而使家庭责任弱化。雇员在工作时依靠自身的人力资本创造财富，雇主直接从中获得了财富，当雇员面临疾病风险时，这种风险与其在工作中的人力资本耗费有关，因此，雇主应当为雇员分担疾病的一定风险，承担一定的筹资责任。政府在基本医疗保障筹资中的责任主要通过两种方式实现，一是不断完善医疗保障制度，建立合理的筹资机制，帮助社会成员应对疾病风险；二是通过公共财政的转移支付，对困难群体实施供款来解决医疗费用的支付问题。

适度的筹资水平如何确定？从微观层面看，在"以收定支"模式下，较低的缴费水平意味着较低的待遇水平。但过高的筹资水平对劳动供给产生影响。对雇主而言，缴费水平过高，使得劳动相对于资本的价格增加，不断提高的企业生产成本会影响企业的竞争力。从宏观层面看，适当的筹资水平有利于社会的稳定、公平和经济的协调发展，过高的筹资水平会影响经济的绩效进而对社会健康发展产生消极影响。衡量筹资水平是否适度，主要看是否有利于劳动生产率的提高。没有劳动生产率的提高，医疗保障制度将成为"空中楼阁"。

二　影响基本医疗保险筹资的主要因素及测量指标

影响基本医疗保险筹资的主要因素既有宏观层面的因素，也有微观层面的因素。

从宏观层面分析，一是经济增长水平。经济增长意味着政府财政和职工收入增加，雇主和雇员缴费的动力和能力增强。反之，如果经济增长乏力，财政收入减少，职工工资收入也相应降低，雇主和雇员的缴费动力和能力下降，政府的负担能力也下降。二是财政收入水平。财政收入来源于一般税收，是社会收入再分配的基础。财政收入是支持医保体系发展的必要条件。三是参保人员的结构。参保人员的年龄和在职退休状况影响筹资。多项研究表明，不同年龄段人群的医疗费用的分布不同。一般来说，年龄越高，疾病的发病率越高，所需要支付的医疗费用也越高。退休人员所花费的医疗费用是在职人员的4倍。加之按照我国现行的职工医保政策，退休人员不缴费，并且从统筹基金划入个人账户的比例较高，因而参保人员的结构从收支两个方面影响筹资。

从微观层面分析，一是职工工资、居民收入和储蓄。职工医保的筹资是以职工工资为基础，居民的可支配（纯）收入水平反映居民个体和家庭的支付能力和负担能力。二是覆盖面。覆盖面越大，覆盖人口越多，则基金的筹资和支付规模越大，抗风险能力越强。但参保人员的结构（在职退休比）的变化，会影响筹资水平。三是医疗卫生服务项目。这是影响支出的重要因素。保障的医疗服务项目越多，相对的筹资水平也就越高。同时，人口老龄化、医疗服务价格的上涨、疾病谱的变化等，均促使医疗支出上涨。因此，人们为了规避风险，更倾向于将长期储蓄转化为医疗健康成本投入，从而导致筹资水平的提高。四是保障程度。保障程度可以用医保报销比例来测量。相对于自付医疗费用，医保患者支付的货币价格相对降低，从而导致个人医疗服务消费增多[1]。此外，就医行为随着医保报销比例的变化而变化，报销比例越高，人们对医疗服务的需求及利用越高[2]，从而导致基金支出增加。为了维持基金的收支平衡和可持续，必须增加医保基金收入，进一步提高医保的筹资标准。

除了上述因素外，医疗保险制度模式、基金管理模式、支付方式，以及医院的人事管理和薪酬管理制度、医生管理制度等都影响着医疗保险的筹资机制问题。

为了更加直观简便地测量筹资水平，我们选用一组比较典型的宏观、中观和微观指标，测量医保的筹资水平。

（1）宏观筹资水平指标：医疗保险支出占 GDP 的比重。它反映的是医疗保险在整个国民收入中所占的份额。

---

① 朱铭来等：《我国医疗保障制度再构建的经济学分析》，《南开经济研究》2006 年第 4 期。
② 朱捷：《浅析健康保险中的道德风险及其控制机制》，《开放导报》2004 年第 4 期。

（2）中观筹资水平指标：医疗保险支出占财政收入的比重。它反映的是医疗保险中政府出资占国民总体再分配的份额，体现的是再分配中政府财政责任和个人、企业之间的分配关系。

（3）微观筹资水平指标：个人医保缴费占工资或居民人均可支配（纯）收入的比重、企业医保缴费占企业总成本的比重，以及家庭医疗保险缴费支出占家庭总收入的比重等。在以收定支模式下，筹资水平决定了医疗服务的项目及其保障程度（如住院费用报销比例等）。

三　基本医疗保险适度缴费水平数理模型

职工医保的缴费水平一般用缴费率来衡量。所谓基本医疗保险适度缴费率就是指基本医疗保险缴费要保持在它的"度"的关节点或临界点的范围之内，不能超越这个范围。适度缴费率从本质上讲要与基本医疗保险的功能相适应。基本医疗保险的功能一是要有利于保障法定覆盖人口的基本医疗安全。这是从需求方面对基本医疗保险缴费率的适度性判断。二是要与经济发展水平相适应。这是从供给方面对基本医疗保险缴费率的适度性判断。三是要有利于资源的充分利用和资源的优化配置。这是从经济效率角度对基本医疗保险缴费率的适度性判断。

讨论医保适度缴费率，需要探讨适度的基本医保水平和适度的劳动生产要素分配系数问题。适度基本医疗保险水平是指能够满足法定参保人员基本临床服务需要的缴费负担水平和待遇支付水平。适度劳动生产要素分配系数可以通过在一定生产规模报酬不变的情况下，借助于欧拉定理来确定。由此得到基本医疗保险适度缴费率测算模型。其中，适度基本医疗保险水平的确定可以参考卫生经济学的相关理论和世界银行提供的相关数据，而适度劳动生产要素分配系数的确定可以借助于人口结构理论、自然失业率理论、欧拉定理以及相应的人口、社会经济数据确定。适度基本医疗保险水平和适度劳动生产要素分配系数二者相除就是基本医疗保险适度缴费率。所以，通过确定影响基本医疗保险水平和劳动生产要素分配系数的各参数值，就可以计算出适度缴费率实际水平。

第九章
基于工资收入分配视角下的社会保险缴费及待遇改革建议

为深化收入分配改革和完善社会保险制度，贯彻落实党中央提出的降低企业税费成本战略部署，笔者提出如下建议。

第一节　做实社会保险缴费基数，不盲目降低社会保险费率

根据我国社会保险的制度设计，缴费水平由缴费基数和费率构成。研究发现，尽管我国社会保险费率，尤其是职工基本养老保险费和基本医疗保险费从数字上显得较高，但从实施运行情况看，除了部分企业（主要是国有企业和效益较好的外企）的缴费是比较严格按照统筹地区公布的缴费基数缴纳外，大多数的中小微企业、私营企业、个体工商户和灵活就业人员缴费所依据的基数低于当地缴费平均水平的60％，甚至有些地区规定在40％（如北京市）。这样，一方面造成企业之间不同缴费水平的不公平，另一方面对职工基本养老保险而言，也践踏了养老保险的制度公平。按照养老保险政策，基础养老金是按照上年在岗职工社会平均工资的一定比例计发，如果部分参保人员在缴纳费用时，长期按照较低的缴费基数缴纳，而领取待遇时基础养老金是按照平均的水平计发，则存在制度上的不公平性。另外，目

前的缴费基数是按照上年的统筹地区的社会平均工资决定。我国处于经济增长时期，大多数的单位和个人实际上还存在着拉低了缴费水平的问题。

因此，笔者建议调整社会保险费缴费基数的确定规则，由目前按照统筹地区统计部门公布的上年度社会平均工资确定，修改为由统筹地区人力资源和社会保障部门按照社会保险的量能原则确定缴费基数。具体有以下两个方面。

一 单位缴费基数的确定

目前社会保险费单位缴费基数是按照工资总额多少缴纳。劳动密集型产业招用人员多、利润低、缴纳社保费高，而资本密集型和技术密集型企业劳动力成本相对较低，缴纳社会保险费水平低，因此，可以考虑将单位缴费由单一按照工资总额确定，修改为根据工资总额、利润水平和劳动力成本水平等指标确定。

二 个人缴费基数的确定

随着我国居民家庭收入来源的多样化，可以考虑扩大社会保险缴费基数规模。工薪阶层是收入比较低的一部分人群，但承担了较高的社会保险缴费。一些收入高的人群很少以工资性收入为主，股票、股权、债券、房产等都是其收入的来源。因此，我国的社会保险费不能仅仅依据工资来厘定，必须深入收入的资产领域，将资产和资本所得也纳入社会保险的缴费基数。

第二节 针对不同行业和地区精准施策，区别不同情况降低企业成本

党的十八大以来，党中央实施供给侧结构性改革，把降成本作为

重要的企业减负举措，并推出一系列政策措施"组合拳"为企业降低成本减负，已收到了一些成效。但不可否认，企业的负担依然沉重。于是，一些部门和媒体不切实际地认为企业成本高就是社保费高。实际上，虽然我国的社会保险费率听起来不低，但是通过对制造业、建筑业等行业仔细研究发现，就企业的整体成本看，企业所缴纳的社会保险费成本占企业的总体成本并不高。

在企业的劳动力成本中，劳动报酬占比达到80%以上，并逐年上升。劳动力成本的过快增长，一方面是合理的增长，这符合劳动者报酬与劳动生产率提高同步的要求，以及逐步提高劳动者报酬占比的要求，但另一方面，一些效益不好、利润逐年下降的企业，劳动力报酬也依然年年增长。问题的关键是大中城市的生活成本居高不下。如在北上广深等城市，房地产价格居高，大大提高了劳动者的生活成本。另外，还有诸如我国的税收、融资、能源、企业用地、交通物流等，各个行业由于其资源的利用不同，成本各有差异。政府应当综合考虑企业的各种成本，尽快采取措施，把过高的房地产价格降下来。只有这些方面的成本下降，才能实实在在地降低企业的成本。笔者调研中发现，大多数的实体企业成本莫属融资成本最高，制造业、建筑业，尤其是中小微企业反映最强烈的是融资难、融资贵、融资成本高。突出体现在银行的基准利率比较高，上浮的利率也较高。尽管国家也出台了一些规定，禁止乱收费，银监会也出台了"七不准""四公开"①，

---

① 2012年银监会出台《中国银监会关于整治银行业金融机构不规范经营的通知》（银监发〔2012〕3号），提出"七不准""四公开"。"七不准"有如下具体内容。（一）不得以贷转存。银行信贷业务要坚持实贷实付和受托支付原则，将贷款资金足额直接支付给借款人的交易对手，不得强制设定条款或协商约定将部分贷款转为存款。（二）不得存贷挂钩。银行业金融机构贷款业务和存款业务应严格分离，不得以存款作为审批和发放贷款的前提条件。（三）不得以贷收费。银行业金融机构不得借发放贷款或以其他方式提供融资之机，要求客户接受不合理中间业务或其他金融服务而收取费用。（四）不得浮利分费。银行业金融机构要遵循利费分离原则，严格区分收息和收费业务，不得将利息分解为费用收取，严禁变相提高利率。（五）不得借贷搭售。银行业金融机构不得在发放贷款或以其（转下页注）

但实际上，金融系统存贷挂钩变相提高利率、中间业务收费过高等问题依然严重。

降低企业成本也应考虑从党中央提出的新型城镇化的角度加以推进①。目前，制造业企业一线工人的主体是农民工。企业需要稳定员工队伍，而不是年年春节过后重新招人。如果农民工在就业地始终没有归属感，住房、就医、孩子上学等问题都得不到妥善解决，就很难稳定下来，农民工自身的生活成本增加了，也会间接增加企业的劳动力成本。

除此之外，还要区分企业的地域差异，如东部、中部和西部企业的成本负担差异，以及不同产业结构类型企业的成本差异等。应细化企业减负的各项政策措施，将这些不必要的或者过高的成本降下来，实实在在降低企业的生产经营成本，而不是把降成本的重心放到降低社保费上。

（接上页注①）　他方式提供融资时强制捆绑、搭售理财、保险、基金等金融产品。（六）不得一浮到顶。银行业金融机构的贷款定价应充分反映资金成本、风险成本和管理成本，不得笼统将贷款利率上浮至最高限额。（七）不得转嫁成本。银行业金融机构应依法承担贷款业务及其他服务中产生的尽职调查、押品评估等相关成本，不得将经营成本以费用形式转嫁给客户。"四公开"有如下具体内容。（一）收费项目公开。服务收费应科学合理，服从统一定价和名录管理原则。银行业金融机构应制定收费价目名录，同一收费项目必须使用统一收费项目名称、内容描述、客户界定等要素，并由法人机构统一制定价格，任何分支机构不得自行制定和调整收费项目名称等要素。对实行政府指导价的收费项目，严格对照相关规定据实收费，并公布收费价目名录和相关依据；对实行市场调节价的收费项目，应在每次制定或调整价格前向社会公示，充分征询消费者意见后纳入收费价目名录并上网公布，严格按照公布的收费价目名录收费。（二）服务质价公开。服务收费应合乎质价相符原则，不得对未给客户提供实质性服务、未给客户带来实质性收益、未给客户提升实质性效率的产品和服务收取费用。（三）效用功能公开。服务价格应遵循公开透明原则，各项服务必须"明码标价"，充分履行告知义务，使客户明确了解服务内容、方式、功能、效果，以及对应的收费标准，确保客户了解充分信息，自主选择。（四）优惠政策公开。银行业金融机构应切实履行社会责任，对特定对象坚持服务优惠和减费让利原则，明确界定小微企业、"三农"、弱势群体、社会公益等领域相关金融服务的优惠对象范围，公布优惠政策、优惠方式和具体优惠额度，切实体现扶小助弱的商业道德。

①　工信部中小企业发展促进中心发布的《2016年全国企业负担调查评价报告》。

第三节　经济困难甚至经济危机时期，审慎降低或削减社保费

从世界社会保障制度的发展历程看，现代意义上的社会保障制度起始于 19 世纪 80 年代，二战以后进入快速发展时期。两个重大的历史事件用铁一般的事实说明了，越是在经济困难和经济危机时期，越是应加强社会保障制度建设，而不是削减社保费。一是 1873 年西方国家爆发了大规模的经济危机。深受其害的德国出现了企业破产、工厂倒闭和工人大量失业。在此种情况下，俾斯麦政府于 19 世纪 80 年代连续颁布了关于疾病、工伤和养老的社会保险法，建立了最初的社会保险制度，实施雇主要为雇员缴纳社会保险费的政策。这稳定了社会，振兴了经济，加强了俾斯麦的统治地位，也成为现代社会保障制度的奠基石。二是 1929 年 10 月美国发生了有史以来最严重的经济危机。那时的美国国内股票狂泻，企业破产，银行倒闭，工人大量失业，社会动荡。在重大的经济危机面前，美国新任总统罗斯福实施了一系列"新政"措施，其中重要举措之一就是在 1935 年美国国会通过了《社会保障法》及相关法案，要求雇主要为劳动者支付养老金和失业保险金，提供医疗保险。罗斯福"新政"帮助美国走出了危机。从 1935 年开始，美国几乎所有的经济指标都稳步回升。

从我国的社会保险改革发展看，在 20 世纪 80 年代末和 90 年代初，我国开始了改革开放和建立社会主义市场经济体制改革，着手进行经济结构和产业结构的改革调整。众多国有企业实施了关停并转。1998 年至 2008 年的十年间，国有企业下岗职工累计达到 3000 多万人[1]。由

---

① 胡晓义：《走向和谐：中国社会保障发展 60 年》，中国劳动保障出版社，2009。

于20世纪90年代中期社会保障改革滞后，一些地区曾一度发生过众多退休人员不能按时足额领取退休费或养老金的现象，其后果是社会不安全感上升、居民消费信心不足、企业库存积压快速增多，严重影响了经济体制改革和国有企业改革。党中央国务院在着力抓好职工基本养老保险制度改革的同时，于1998年及时做出了实行"两个确保"、建立"三条保障线"的英明决策，推动与建设社会主义市场经济体制相适应，符合中国国情的企业职工基本养老保险制度改革，保障了下岗职工和失业人员的基本生活，保障企业退休人员按时足额领取到退休费或养老金，促进下岗职工和失业人员再就业，有力地保障了人民生活、提升了社会信心，而且为国有企业改革发展和社会主义市场经济体制的建立创造了有利条件。正是在我国经济发展的这一艰难时期，率先开始的职工基本养老保险制度改革确立了企业和个人要共同缴纳养老保险费，随后五项社会保险制度相继建立，探索建立了符合我国国情的社会保险制度，有力地促进和推动了国有企业改革和整个国民经济的复苏，维护了社会的和谐稳定。可以说，当时是在企业困难的时期建立了单位和个人缴费型的社会保险制度，如果没有当时这一重大决策，就不会有随后出现的我国经济的30多年的高速发展，就不会有目前覆盖全民、比较健全完善的社会保险制度。我国的改革实践再一次证明，经济发展与改善民生并非互相矛盾，并非是鱼与熊掌不可兼得的关系，而是相互促进、相得益彰的关系。国际和国内社会保障制度发展的经验表明，社会保险的本质是互助共济、防范风险。越是在经济困难的时期，国家越是应当加强社会保险体系建设；越是在企业经营困难的时期，企业越是应当承担起应有的社会保险责任，而不能把社会保险看作负担。何况，前面的数据足以表明，企业沉重的负担并不是由社会保险缴费所致。

第四节　完善养老保险筹资和待遇政策

由于社会风险是不可能完全预测的，任何养老保险制度或模式都不可能完全地提供可预测的养老金收入。现实生活中客观存在着容易使养老金产生风险的多种不确定性，这些不确定性中最突出的两种：一是老年人退休后存活期限的不确定性；二是老年人退休期间经济状况的不确定性。国家建立养老保险制度的根本目的，就是要从制度上保障每一位老年人在退休后有稳定的、可以预测的、能够维持其退休后基本生活的养老金，并能够共享社会经济发展成果。

从替代率的变化情况来看，我国基本养老保险制度的平均替代率水平呈现总体下降的变动趋势，从 1997 年的 76.66% 到 2013 年的 44.62%，降幅高达 32 个百分点以上。其中 2002 年以来更是连年下降，至 2013 年降至最低值 44.62%。如果基本养老金的替代率指标值继续下降，而退休人员的其他收入来源又没有得到发展补充的话，那么，过低的替代率水平将难以保证退休人员的基本生活质量，这一点必须引起我们的高度重视。为此提出如下几点政策建议。

一　确立适度的替代率区间

社会平均工资替代率其实质是反映基本养老保障水平的高低。由于基本养老保险制度作为社会保障制度的重要组成部分，其制度功能在于保障社会成员的基本生活，因此，其水平范围应当是一个适度区间，过高或过低的替代率水平都不能很好地体现基本养老保险制度的绩效。替代率水平过高，不仅会加重缴费者负担，而且会造成退休人员收入水平接近或超过同期在职人员的收入水平，不符合社会发展规律与社会保险的基本原则。替代率水平过低，一方面会使退休人员的基本生活需求得不到可靠保障，另一方面也会造成退休人员与在职人员之间过大的收入差距，有违社会公平。因此，要维持基本养老保障水平的适度状态，需要制定适度替代率水平，既能保证满足退休人员基本生活需求，又能实现基本养老保险基金收支的长期平衡与可持续发展。

激励与保护相统一是社会保险制度应当坚持的一大原则，因此，养老保险制度的设计也应当遵循这一原则。在现代社会保障制度发展较成熟的发达国家，在职职工要缴纳所得税、社会保险税等各类税务，这部分税额约占其全部收入的30%，因此其税后纯收入仅为税前工资的70%左右，这也意味着在职人员的可支配收入大致相当于其税前收入的70%。基于基本养老保险公平与效率相结合、激励与保护相统一的原则，退休人员的养老金不应与同期在职人员的工资收入相等，一般应占在职人员最多获得工资收入总额的一个比重。由此可见，基本养老保障替代率适度水平的上限在理论上最高应当为70%。又根据国际劳工组织第128号公约规定，缴费满30年并且有达到退休年龄配偶需要赡养的退休劳动者，其基本养老金代替率水平最低为45%；缴费不满30年者则按最低替代率90%的比例发放，即其替代率水平最低为40.5%。因此对适度的替代率区间做如下考虑。

首先，70%的替代率水平，既是世界银行提出的保持退休生活品质与退休前相比不降低的理想标准，同时也是一个理论标准，是指在职人员收入扣除各种税费之后的可支配收入比例。这一替代率水平可理解为通常情况下养老保障替代率水平的理论上限。

其次，40.5%的替代率水平是国际劳工组织第128号公约规定的最低基本养老金替代率水平。根据第128号公约规定，最低替代率水平以缴费年限是否满30年作为一项区别条件，缴费满30年并且有达到退休年龄配偶需要赡养的退休劳动者，其基本养老金替代率水平最低为45%；缴费不满30年者则按最低替代率90%的比例发放，即其替代率水平最低为40.5%。这一替代率水平可使退休人员生活水平得到最基本的保障，以此可以作为替代率的下限值。在这一区间内的替代率水平基本属于正常。也就是说，只要养老金替代率在40%和70%之间，即可使退休人员生活水平得到较好的保障

这一公共养老金替代率水平区间，已被主要发达国家的公共养老金替代率水平合理上下限值的实践所证明（见表9-1）。

表9-1　基本养老保障替代率水平国际比较

国家	替代率	国家	替代率
日本	50%	德国	70%
美国	44%	瑞典	70%
英国	50%	意大利	60%
加拿大	40%	瑞士	60%
荷兰	40%～60%	智利	70%
法国	78%	韩国	40%

资料来源：根据李珍主编《社会保障理论》（第三版）和钟仁耀著《养老保险改革国际比较研究》整理。

二　加快养老保险具体参数改革

就我国而言，1997～2013年我国城镇职工基本养老保障替代率水平总体在合理区间范围内，但呈现逐年显著下降趋势，这说明基本养老保险制度所提供的保障程度也在逐渐减弱，目前已接近替代率合理区间的下限。这一替代率水平只能实现保障退休职工最基本的生活需求，即保基本的目标，但退休人员的生活品质与其退休前相比则会有明显下降。为了维护退休人员的养老保障权益，提高替代率水平，笔者建议加快养老保险具体参数的改革，具体可从如下几个方面着手。

（1）提高缴费基数下限。如果缴费基数为社会平均工资的60%，即使缴费满15年，退休当年从基础养老金中获得的养老金也只是社会平均工资的11%，只有缴费工资达到社会平均工资时，每一年的缴费才可以获得社会平均工资1%的养老金。因此，应明令禁止个别省市擅自降低缴费基数下限（有些省市将缴费基数下限调整为社平工资的40%）的做法，依法强制企业和个人如实申报社会保险缴费基数，禁止瞒报、少缴等行为。

（2）提高最低缴费年限至25～30年。如果缴费基数为社会平均工资的100%，缴费年限提高到30年，则仅基础养老金就可达社会平均工资的30%。提高最低缴费年限不仅有利于个人退休收入的提高，而且对制度的赡养率的改善和制度的财务平衡也是至关重要的。在我们调研的国家中，除了美国获取养老金的缴费年限为10年之外，其他国家相关的规定都很严格，例如法国的公务员为37.5年，私人部门的雇员为40年，法国正打算进一步提高公务员的缴费年限至40年。我国的劳动力供给现状是，如果从16周岁就业，到50周岁的就业年限是34年，到60周岁是44年；如果25周岁（正常硕士研究生毕业年龄）就业，到55周岁是30年。我国当初制定缴费15年的政策主要是考虑养老保险制度改革之初，大量的企业经营困难，大量企业职工下岗或失业，为保护这些职工的权益而做出的权宜之计。目前大规模的企业关停并转已经完成，即使存在因国家产业结构调整而导致企业部分职工失业的情况，国家也有相应的保障措施，15年最低缴费年限已经失去了意义。

（3）提高退休年龄。提高退休年龄是一个敏感的话题，但必须坚定不移地推进。我国人口预期寿命从新中国成立初期的不到60多岁延长到目前的男性74周岁、女性76周岁，但女性55周岁、50周岁退休，男性60周岁退休的退休年龄政策一直没有改变。从个人的收入来看，提高退休年龄对于绝大多数在正规部门工作的人员来说，可以延长他们的缴费期，提高替代率水平，提高退休收入；从制度整体而言，提高退休年龄有利于制度的财务长期可持续发展。

（4）建立个人账户基金市场化运营机制。不管个人账户是否做实，结余的个人账户资金实行市场化投资运营及其管理制度是必要的。尽管养老基金的市场化运营是有风险的，但这是唯一可能使基金分享经济发展成果的办法。如果不再继续做实个人账户，则需要制定个人账户记账管理办法，最佳选择是个人账户记账利率紧紧盯住社会平均工资增长率。

根据我们测算，如果要实现个人账户养老金替代率24%的水平，在男性缴费达到40年，工资增长率在10%时，个人账户记账利率需要达到9%以上（9%大约为23%的水平）；如果记账利率和工资增长率完全一致，个人账户替代率可以达到27.6%的水平。

（5）进一步完善养老金的正常调整机制。加大基本养老金标准调整幅度，使退休人员基本养老金的增长速度与在职人员工资增速基本保持同步，同时减小通货膨胀因素对基本养老金实际购买力的影响，使退休人员基本生活水平有所提高。通过调整，使替代率由目前的44.62%提高到50%的水平。为此，应调整目前的待遇调整办法，养老金的调整应与上年的平均工资挂钩，而不能与上年养老金水平挂钩。

三　降低基本养老金贡献率

尽管我国自2005年至今已连续十年上调企业退休人员基本养老金水平，使得基本养老金绝对金额有了大幅提高，但我国退休人员的其他收入来源发展极其缓慢，企业（职业）年金、个人储蓄性商业保险等其他养老保障都没有在真正意义上广泛建立，多层次养老保障体系远未形成。退休人员的生活来源主要依靠基本养老金，而且对基本养老金的依赖性日益加大。基本养老金的制度特征是只能保障退休人员的基本生活，而不可能为其提供足够优质的生活条件。为使越来越多的老年人口享有高质量的晚年生活，应尽快建立与完善多层次养老保障体系。通过建立和完善多层次的养老保障体系，降低基本养老金贡献率，如果从2013年的98.62%下调至大约85%的水平，相应的退休人员的整体收入就会有较大的提高。

一项健康运行的养老保险制度，其政策目标应当包括以下几个方面：一是养老保障所提供的待遇应足以防止所有老年人在生活上陷入绝对贫困的境地；二是制度成本不超出个人和社会的经济支付能力，不使财政支出因成本过高而不堪重负；三是制度财务状况良好，在各种假设条件下都能持续运行下去；四是制度能承受冲击、分散风险，包括承受来自经济、人口和政治等各方面因素的挑战。而这些目标仅靠基本的养老保险制度是不可能实现的，必须有一个多层次的养老保障体系才能达到目的。

四　养老金按社平工资比例调整，警惕养老金倒挂

目前在养老金待遇水平问题上出现了两难的尴尬境地，一方面是替代率连年下降，有些退休人员的替代率明显偏低，另一方面出现了"在职和退休人员收入倒挂"的现象，即在一些地方退休人员的养老金高于当地企业在职职工的平均工资水平，引起在职人员的不满。因此，应该将目前的养老金调整根据上年度平均养老金的一定比例调整，改为按社平工资的一定比例调整，防止养老金的调整幅度高于社平工资增长率，遏制养老金倒挂和提前退休的热潮。

五　取消最低养老金制度，严格缴费基数比例区间和补缴政策

针对个别地区实行的最低养老金制度，国家应明确规定取消这一

有悖于我国养老保险政策的做法。对于个别退休人员养老金水平过低等现象，可以通过完善社会救助和社会福利等办法改善他们的生活质量，而不应采取最低养老金的办法，否则会变相激励部分人员采取少报缴费基数，选择社平工资的 60% 或更低的办法缴费，以及选择 15 年缴费，甚至会导致，有的人补缴后通过不正当手段跨省转移获得养老金。同时，应严格遵循社平工资 60% 到 300% 的缴费比例区间，纠正个别地区将缴费比例下调到 40% 的错误做法。

第五节　完善基本医疗保险筹资

医疗保险的筹资机制，是医疗保险制度的核心内容之一。经过 20 多年的不断改革和完善，我国已经形成了职工医保和居民医保的筹资机制。但是，随着我国经济发展、职工和居民收入的增长及日益多元化，以及人口老龄化和快速增长的医疗保险费用，筹资机制不完善、不健全、不公平、不可持续的问题日益突出。为使医疗保险筹资适应社会经济发展和整个医疗保险事业发展的要求，笔者提出进一步完善我国医疗保险筹资机制的基本思路和建议如下。

一　建立职工医保和居民医保统一的筹资确定机制

目前，职工医保是以工资为基数按比例筹集，城乡居民则是按照绝对额筹资。比较科学合理的筹资机制应是统一按照一定比例筹资。按比例筹资的关键因素有两个，一是筹资基数的确定，二是筹资比例的确定。

1. 筹资基数和比例按能力确定

职工和居民均按比例筹资，并以家庭人均实际收入水平为缴费基数。

城乡居民按绝对额筹资并靠行政命令规定额度的办法，缺乏科学的依据。居民的筹资应参照职工医保办法，实行按比例筹资。从近期（"十三五"时期）看，对于职工，应严格按照国发〔1998〕44 号文件规定，单位缴费基数以在职职工工资总额为基数，职工缴费基数仍以个人工资收入为基数；对于城乡居民，可按照人均可支配（纯）收入为基数，但从长期看，缴费基数的确定应以家庭经济收入而非以参保人个人收入为基数。主要原因，一是我国新农合实行以家庭为单位进行参保，可以防止逆向选择行为的发生（参加者多为老弱病残），还可以将家庭作为一个收入核算单元，弥补老弱病残、无收入或低收入者出资能力不足的缺陷。尽管城镇居民以个人身份参保（这是由于城镇家庭中的职工已经参加了企业职工基本医疗保险，无法强制其与家庭中的其他成员一起参加城镇居民医保），但筹资能力的评价同样也是以家庭收入而非参保者个人收入为依据。可见，两项制度的筹资都是以家庭经济收入为基础的，与家庭内部个人的实际收入水平并无必然关系。二是随着我国社会主义市场经济体制的进一步完善，城镇居民的收入构成发生了很大变化。2000 年，城镇居民收入中的工资性收入占 71.2%，其他收入（转移性收入、经营性收入和财产性收入）占 28.8%，而 2013 年居民收入中工资性收入只占 64%，其他收入占 36%[①]。工资性收入占比逐年下降，而且收入越低的人群，其工资性收入的占比越高。因此，仅仅以工资作为基数计算社保费，存在明显的不公平。

2. 采取 "阶梯缴费" 的筹资模式

所谓"阶梯缴费"就是依据收入水平、参保人口数量及其结构、医疗服务需求和医疗服务价格及费用增长等因素，合理制定缴费年限

---

① 根据国家统计局 2014 年《中国统计年鉴》数据计算。

区间和缴费率，使缴费区间的缴费率保持基本平稳，差距不宜过大，避免参保人员中断缴费或参保。可以考虑每 5 年左右调整一次缴费费率，一方面使参保单位和人员有稳定的心理预期，另一方面也减轻经办机构工作量和降低操作的复杂性。

3. 科学确定筹资标准

筹资水平的确定应坚持"以收定支"的原则。在收入方面，从 10 多年来看，职工平均工资的增长和城乡居民收入的增长均高于 GDP 的增长。尽管我国进入新常态，GDP 增长速度放缓，但在未来很长一段时期（30～50 年），我国的 GDP 仍将保持中速增长（5%～7%），因此，医保基金的总体收入增长是必然的。在支出方面，采取措施控制过快增长的医疗总费用，目标是医疗费用的增长率大致与 GDP 增长率同步。在医保筹资总费率的确定上，由于以往职工工资和城乡居民的收入平均增长率高于 GDP 平均增长率，而且预计这种态势在未来一段时间内仍将持续，若医保总费用增长率也与 GDP 增长率同步，将目前定额筹资转化为以居民可支配（纯）收入的比例筹资，并保持此筹资比例基本不变，则将来随着职工和居民收入的增长，医保基金也可保持收大于支。但考虑到人口老龄化程度加深、医保待遇提高等因素会引起住院率、门诊人次等指标的上升，因此还需将住院率和就诊率的增长纳入测算缴费率和医保总费用的计算当中，这样，将计算得到的职工和居民的人均医保费用分别除以职工平均工资和居民人均可支配（纯）收入，就可以分别得到职工医保和居民医保的总费率水平。

具体来说，应从职工和居民的筹资能力、筹资的公平性两个角度，根据参保人员数量和结构、职工工资水平和居民可支配（纯）收入水平、统筹基金支付比例、就诊率，以及次均住院费用、次均门诊费用等影响筹资的主要因素，兼顾经济增长和医疗服务需求，确定科学合理的筹资标准。根据测算研究，目前职工医保单位和个人总体的筹资水平基本合理，但是结构不合理。比较合理的筹资结构标准为：职工医保个人的缴费比例上限为本人工资收入的4%，企业缴纳职工医保费用的费率上限为职工工资的5%。据此分析，目前的职工医保费率，在现有总水平下，单位费率可有1个百分点的降费空间，而个人费率可以有上调2个百分点的空间。对于城乡居民而言，据测算，财政补助和个人（家庭）的缴费比例也应维持3:1，城乡居民医保缴费能力上限不超过人均可支配（纯）收入的2%左右。财政对城乡居民基本医保补助应不影响财政支出效率和保持财政可负担能力，其适度的补助比例为财政总支出的0.6%左右。

二 建立长效的筹资标准调整机制，保证医保制度的长期可持续

医保的筹资机制是国家和地方控制筹资水平的宏观工具和确定具体筹资政策的依据，其设计应强调宏观性，即根据经济发展和各方承受能力进行整体考虑；应强调可调性，即体现影响基金收入和支出的各种因素的变动趋势；应强调规范性，即政府部门和管理机构对筹资水平和政策的调整要有明确的准则和客观依据；应强调长效性，即筹资标准和筹资结构的调整不是由行政命令实施，而是由影响筹资的主要因素发生变化的情况决定。因此，建立长效的筹资调整机制，应主要考虑以下几个方面。

1. 建立医保筹资水平与经济发展水平挂钩的筹资确定机制

这个机制包含筹资总水平控制标准的测算方法以及对控制标准的应用和管理两个方面。由于某地区财政收支、企业盈利、职工工资和居民收入情况既体现经济发展水平，也体现各方的承受能力，因此，地区（或全国）医保筹资水平控制标准可以按照一个地区（或全国）上一年度人均医疗费用支出扣除个人人均自费支出后占地区（或全

国）人均工资或可支配（纯）收入的比重进行测算。在控制标准的应用和管理上，对于实行新的筹资政策的初年，筹资水平控制标准可以作为确定本地区筹资基准费率的依据，在其他年度可以作为筹资水平预算指标，与实际筹资水平［某年人均实际筹资额占当年人均工资或人均可支配（纯）收入的比例］进行比对分析。

2. 完善缴费责任分担机制

风险共济是社会医疗保险的基本法则。对于我国基本医保来说，医疗保险筹资的合理分担机制十分重要。根据权利与义务相适应的原则，明确个人、单位的筹资责任，充分发挥筹资主体的能动性，既可以提高基本医保的筹资水平，又可以对医疗消费起到一定的约束作用。首先，职工医保个人和单位应该负担与其经济利益相适应的有限责任，合理公平地承担职工个人和企业的筹资责任。从职工个人的消费和储蓄、企业利润最大化的角度分别对职工与企业的筹资能力进行分析，得出职工个人与企业的筹资能力边界，设计出与经济增长相适应的职工医保筹资水平和结构。其次，居民个人与政府补贴也应建立按比例分担的预算管理机制。这种分担机制，不仅体现在对每个居民参保缴费的具体配比关系上，也要体现在一个地区个人缴费总量与财政补贴总量的配比关系上，这种配比关系应当由居民整体收入和财政收入的实际比例关系确定，即按照一个地区居民可支配收入总量与财政可支配收入的比重确定。根据这一比重再确定居民筹资水平控制标准与政府补助水平控制标准，即二者分别占当地人均可支配（纯）收入的比例。通过这种方法，使居民和政府在筹资中的责任与居民和政府财政的负担能力相适应。

3. 建立以基金收支动态平衡为依据的动态调整机制

原则上，筹资的总体水平应根据基金收支状况进行调整，但应避免频繁调整。应每年对基金收支情况进行分析，并对一定年限内的收支走向进行观察，如果基金结余（或赤字）率连续几年不断扩大，应当考虑对筹资水平进行调整；设定累计基金结余（赤字）阈值，当超出阈值时应当考虑调整。同时要明确基金赤字补偿办法，可考虑财政补偿、银行借贷以及来年基金弥补等途径。

4. 处理好各级财政对居民参保的责任分配机制

总体思路是，应坚持财权与事权相匹配原则的"逐级分配"，即中央财政补助资金只在省级层面进行分配，省级补助资金加上获得的中央财政补助资金只在地市级层面进行分配，以此递推。以中央与地方财政之间的出资责任分配为例，财政出资总额中，可按中央财政收入和地方财政总收入占全国财政收入的比例来划分中央和地方财政的出资比例。中央财政出资总额在各省份之间的分配上，主要考虑各省份参加城乡居民医保的人数和人均财政收入水平两个因素。各省份获得中央财政补助的额度与该省份城乡居民医保参保人数呈正比例关系，即参保人数越多，财政筹资任务也越重，因此其获得的中央财政补助份额也应越多。各省份获得中央财政补助的额度与该省份人均财政收入水平呈反比例关系，人均财政收入水平越高，说明自筹资金的能力越强，获得的中央财政补助份额也相应越少。

5. 协调城镇职工医保与城乡居民医保的筹资机制

目前城乡居民医保与职工医保相比，其筹资与待遇很不匹配，城乡居民医保住院实际待遇水平已经远远高于理论计算值，同时政策范围内住院费用报销比例也远远高于正常水平，福利化倾向十分明显。由于医保待遇水平是刚性的，今后不可能降低已有的待遇水平。可行的做法是，今后一定时期内，在不断提高筹资水平的同时，要维持现有的政策范围内住院费用报销比例不变，然后筹资随城乡居民家庭人均可支配收入增长而增长，等到城乡居民与城镇职工医保筹资与待遇相协调，即两项医保制度的医保待遇与筹资的比值之间的差距保持在合理水平时，再根据筹资情况相应调整城乡居民医保的待遇水平。当然，居民医保无论在筹资上还是在待遇水平上都不能攀比职工医保，因为居民毕竟大多属于低收入群体，但在履行相同的筹资义务时，居民可适当获得比城镇职工高的医保待遇，以减轻个人的医疗负担，享受国家对弱势人群的政策倾斜。

6. 完善对困难人群的缴费补助机制

城乡居民医保实行按比例筹资后，城镇或农村的所有居民都要按同样的缴费基数和比例进行缴费。由于城乡居民人均可支配（纯）收入掩盖了居民收入分配结构，部分低收入家庭参保人的缴费能力"被提高"。为纠正此偏差，政府应视低收入者的家庭状况、身体状况、身份类别等情况给予代缴部分或全部费用，补贴标准由统筹地区政府自行决定。由低收入者主动申报，政府有关部门核实无误后，政府代行缴费义务，所需资金可从财政预算、医疗救助基金等渠道列支。但需要明确的是，尽管资金来源可以多渠道，但筹资主体必须具体落实到城乡居民医保统筹区域内的政府而不是政府的某个部门或专项基金，防止出现推诿、扯皮现象。

7. 完善中央财政转移支付机制

对中西部经济欠发达地区城乡居民基本医保制度的建立和可持续发展，中央财政的转移支付是必不可少的。但目前中央财政转移支付机制有待完善。中央财政补助弱势群体参保缴费，应该补贴哪些省份和地区，补贴多少，也是完善居民医保筹资机制的重要方面。从近几年的情况看，中央财政对中西部地区的补助主要考虑参保人数因素。参保人数越多的省份，得到的中央财政补贴越多；参保人数越少的省份，获得的中央财政补贴越少。建议补助水平除了考虑参保人数外，还应考虑地区的人均财政收入水平，即统筹考虑财政收入和参保人数决定上级财政补贴分配。这对于新农合更为合适。因为新农合的参保对象是农民，农民人数多的地方，经济也相对欠发达，理应获得更多的来自上级财政的补贴。

三 建立和完善多渠道筹措基本医保资金机制

由于市场经济的风险和不确定性，不论城镇单位、职工个人、城乡居民还是政府财政，其收入都存在很大的不确定性。但是医疗保险待遇的刚性和医疗费用增长的刚性使得如何在企业、职工、居民和财政资金发生困难时有比较稳定可靠的筹资来源，成为保证基本医疗保险制度健康运行的基础和保证。2008 年金融危机期间，我国企业、职工和个人，以及一些"僵尸企业"等面临的困难，对我国健全完善科学合理的筹资机制提出了警示。因此，在强化政府、单位、个人缴费责任的同时，应当扩大筹资渠道。扩大资金的筹集渠道可以考虑以下几个方面。

1. 财政税收支持

政府的财政支持对保持医疗保险筹资的稳定具有重要意义。对于城乡居民基本医保，政府已经建立了财政补助机制。但对于职工医保，遵循的是"基金自求平衡"原则。考虑到我国职工医保在 2000 年建立时存在的大量"中人"和"老人"问题，在职工医保出现严重收不抵支时，各级财政仍需要给予必要的资金扶持。课题组认为，要充分利用当前及今后一段时间国民经济与财政收入持续较快增长的有利时机，调整财政支出结构，把每年财政收入增长额的一定比例用于建立类似于全国社会保障基金理事会基金的基本医疗保险风险基金。可行的办法是，每年从烟酒税收、环保税收，及个人所得税收等中抽出一部分，用于建立比较稳定的医保风险基金。国际上一些国家将特种税收用于社会保险的做法也值得借鉴，比如烟酒特种税。烟酒消费对人体健康有很多负面影响，会增加消费者的医疗负担和医疗保险基金的支出。因此，用烟酒税补充医疗保险筹资是有道理的。同时，烟酒税的增加也能在一定程度上抑制烟酒消费，提高国民健康水平，减少医疗资源浪费，节约医疗保险基金支出。还有一些造成环境污染的企业，给居民健康带来负面的外部效应，也可以作为征收特种税的对象，并将部分税款直接划入医疗保险基金。

2. 土地收入及收益

土地是农民最大的资产。但因种种原因，我国农民的土地资产功效大打折扣，尤其在城市化进程中对农民的征地，使得失地农民来自土地的收入及收益主要被政府、开发商拿走。所谓土地收入及收益，是指农民在被征用土地或者转让所承包土地的情况下所获得的土地经济补偿。把土地征用或转让的部分补偿收入及收益作为新农合（城乡居民医保）制度的一个重要资金来源渠道是可行的。随着新型城镇化的加快以及农民工市民化的推进，部分进城落户的农民需要获得城镇的医疗保障，也需要比较稳定的资金来源支持。同时，要认真落实国务院关于从国有土地使用权出让金中提取专项基金用于社会保障的政策，地方人力资源和社会保障部门依法参与地方政府征地方案的制定，适当提高对被征地农民社会保险的补偿标准，对被征地农民社会保障权益未能依法得到必要保障的征地方案实行一票否决制。

3. 探索发行医保彩票

发行彩票是一种非常好的筹资方式，它不需要还本付息，具有融资量大、融资迅速、群众易于接受且免除政府财政负担的特点。在许多国家和地区，彩票发行规模非常大，以至于有学者称其为"第二财政"，所筹资金主要用于公益事业。可以借鉴现行福利彩票、体育彩票发行的成功经验。按照我国目前福利彩票、体育彩票以及足球彩票的成功发行程序，增加彩票品种，扩大彩票的发行额度，并通过一定渠道和形式，将发行彩票的部分收益转入医疗保险风险储备基金。这也是筹集我国医保资金的一个较为有效的办法。

4. 发行医疗保障长期债券

从 1998 年开始，中央政府每年发行国债数额范围在 3000 亿元和 5000 亿元之间，2002 年达到近 6000 亿元①。中央政府可以考虑把以往大规模用于经济建设方面的部分资金，转向投入社会保障方面。而用于社会保障的长期债券，主要用于应对人口老龄化的支付风险，重点针对基本养老保险和基本医疗保险在人口老龄化时的支付风险。因此，建议国家今后在每年的国债发行范围内确定适当比例，如 3% ~ 4%，即每年投入至少 100 亿元资金作为支撑基本医疗保险体系风险储备资金的固定基金来源。

5. 将经营性国有资产及其收益的一部分补充医保基金

经营性国有资产及其收益除了补充职工基本养老保险基金外，还应作为补充医疗保险基金的一个重要来源。将上市与非上市国有股，以及国有企业资产变现部分按比例划拨基本医疗保险基金。在国有企业改制时，将国有资本变现的部分资金直接划转基本医疗保险基金。此外，也可将国有企业利润分红的一部分划转医保基金。

四　进一步完善医保筹资有关政策

1. 研究探索退休人员的缴费政策

由于我国职工基本医疗保险基金实行部分积累模式，因此退休人员不缴费在人口老龄化趋势下给基金平衡带来很大风险。面对这一难题，很多国家将养老金纳入社会医疗保险缴费基数，或者将老年人纳入非正规就业部门参保，按照其收入、财产和生活状况综合评定其缴

---

① 《中国财政年鉴》，中国财政杂志社，2002。

费基数。将养老金作为缴费基数，并不意味着缴费必须从养老金中扣除，可以是政府、企业或者养老金提供机构按照缴费基数的一定比例替老年人缴纳保费，这样既不会增加老年人的经济负担，又可以根据老年人口的增加相应增加筹资规模，确保基金的财务稳定。大多数国家退休人员在享受养老保险待遇的同时继续缴纳医疗保险费用。十八届五中全会提出实行退休人员缴纳医疗保险费政策，对于退休人员坚持由财政和个人分担原则，以养老金为缴费基数，缴纳医保费。同时，应加快研究取消将医疗保险统筹基金注入退休人员个人账户的政策。

2. 城乡居民可实行在筹资比例一致下的差别化筹资政策

在明确居民筹资总水平控制标准以及政府和居民（家庭）分担比例的基础上，对居民的具体筹资应当区分不同家庭状况，采取不同筹资政策。原则上每个家庭的总筹资比例一致，但对收入水平不同的家庭，个人和政府补贴比重可以不一样，对收入来源不同的家庭，缴费基数可以不一样。具体可做如下考虑。

对于居民个人缴费，一是如果家庭中有工作关系固定、工资收入稳定的职工，对其他与该职工有赡养关系的应参加居民医保的成员，可以由有收入的家庭成员为其履行缴费义务，以该职工工资为筹资基数，按居民个人缴费费率[1]和依附其参保的家庭成员数缴费，并与该职工缴纳职工医保同步缴纳。二是对不存在第一种情况的城镇家庭，以城镇家庭人均可支配收入为基数，按个人缴费费率和家庭成员数缴费。三是对不存在第一种情况的农村家庭，以农村居民人均纯收入为基数，按个人缴费费率和家庭成员数缴费。四是对困难家庭的照顾政策。家庭人均收入低于当地人均可支配收入的城镇家庭和低于当地人均纯收入的农

---

[1]　缴费费率是在总体筹资水平确定的基础上，政府与居民（家庭）进行分担后居民（家庭）应缴纳的比例。

村家庭，可向医保管理部门申请免除部分缴费义务，免除部分由财政负担。五是针对无任何收入、靠政府救济维持生计的城镇及农村家庭，可向医保管理部门申请免除全部缴费义务，免除部分由财政负担。

对于财政补助政策，采取对全体参保家庭居民的普通补助与困难家庭特殊补助相结合的措施。一是普通补助。补助的财政缴费费率依据总缴费水平控制标准和财政缴费分担比重确定，缴费基数为当地城镇家庭人均可支配收入（或农村居民人均纯收入），按照居民医保的参保总数缴纳，直接划拨医保基金。二是对部分（或全部）免除缴费的家庭，财政按照免除缴费的总额进行补助，直接划拨医保基金。

五　进一步完善医疗保险筹资的外部环境和支持条件

建立和完善医保筹资机制是一项系统工程，既与社会经济发展阶段相关联，又需要外部环境和条件作支撑。从当前及今后一个时期看，直接关系基本医保筹资机制建设的主要是以下一些外部条件。

一是完善收入核查制度。实行规范的收入核查制度是建立征信体系的基础，也是完善医疗保障制度的一项基础性工程。发达国家通过完善收入核查制度，既有力地堵住了税收漏洞，又使低收入群体能够便捷地获得医疗福利。目前，我国的收入分配制度尚不规范，收入水平不真实、不透明，导致医疗保险缴费基数失真。应进一步加强对企业的工资总额和职工工资收入的规范化管理，全面实施职工工资收入实名制，减少现金发放，并通过银行间联网实时进行监测。

二是完善在岗职工平均工资统计制度。目前，个体参保人数已占到职工医保参保人数的30%左右，且有继续增加的趋势。按照现行政策，从事个体经济和灵活就业人员的缴费基数主要参照在岗职工平均工资。由于目前在岗职工平均工资统计范围主要是规模以上企业和机关事业单位，大量中小企业和个体经济没有纳入统计范围，致使统计数据偏高，社会普遍反映工资"被增长"。过高的工资统计数据超出了个体人员的实际负担能力，也造成大量个体人员无力参保或中断缴费。应进一步完善在岗职工平均工资统计办法，使统计数据更加真实。

三是建立基本医疗保险精算制度。目前，精算已在大多数社会保险业务比较成熟的国家中普遍应用，并且成为反映基金管理规范化和专业化程度的一个重要标志。我国职工基本养老保险已经建立了比较完善的精算制度。随着人口老龄化和城镇化的加速发展，医保基金收支存在诸多不确定性，制度的运行风险系数不断增加。为保持医保制度可持续发展，必须引入精算技术，建立精算报告制度，加强对基金支撑能力的预测和基金运行风险的监测，支持政策决策。

同时，应加快实施全民参保登记计划。摸清参保底数，查清缴费基数，为提升全民医保质量夯实基础。应加快制定基本医疗保险条例。通过国家立法形式增强医疗保险筹资的强制性，做到依法扩面征缴，推动全民持续参保和不间断缴费。应加强社会保险经办能力建设。要深化社会保险经办体制改革，坚持走经办机构职业化、专业化、法人化道路，建立相应的组织体制、管理机构、监督机制和激励机制，从根本上提升包括筹资能力在内的经办能力。

第六节　协调推进工资收入分配、就业和社会保障配套改革

一　综合施策，努力提高劳动报酬占比，实现充分和高质量就业

从党的十六大开始，扩大就业就已经成为党和政府的一项长期而艰巨的任务。十六大报告提出"就业是民生之本"，2003 年初，中央

政治局集体学习专题听取就业讲座明确提出"将就业放在社会经济发展的突出位置"①。就业成为关系国家长治久安的重大政治任务。2010年底的中央经济工作会议再次强调，把促进充分就业作为经济社会发展的优先目标。"十二五"规划提出"就业优先"战略。党的十九大报告提出"就业是最大的民生。要坚持就业优先战略和积极就业政策，实现更高质量和更充分就业"。我国劳动工资报酬在 GDP 中占比较低的问题，不仅反映了劳动者的劳动参与初次分配的份额处于较低的水平，而且反映了我国就业格局中正规化就业程度较低的问题。近几年来，为了实现充分就业的目标，各级政府采取了多种措施努力扩大就业。灵活就业、自雇就业、个体工商户，以及互联网经济下多种就业形态，为就业提供了更多的途径和渠道。但是这些人群普遍面临工作不稳定、收入相对较低且不固定的问题。个体经营和新就业人群出现的"6个月现象"（即个体经营或者灵活就业等新就业人群中的60%左右在6个月内发生公司倒闭或者就业人员辞职等现象），说明这些人群的就业质量和稳定性较差。尽管各级政府对于灵活就业、创业等给予一定补贴，但效果有限。这些就业不稳定的人群实际上也就是未参加社会保险的人群。就业稳定性差的根本原因在于这些类型的就业人群工资收入较低。建议采取以下政策措施。一是认真贯彻落实党的十九大提出的习近平新时代中国特色社会主义思想，转变发展理念，将以经济建设和经济增长为目标，真正转变到使人民群众过上美好生活上来。把提高就业质量、提高普通劳动者收入作为群众美好生活的基础性工程，使群众真正能够通过劳动获得保障其居住等基本生活的收入，通过稳定的就业增加收入，通过兜底性的社会保障防范就业和生活中的各种风险等。因此，建议政府在宏观调控企业工资确定

---

① 2003 年 8 月 17 日《人民日报》。

和增长时，综合考虑就业地的住房价格、子女就学、就医等公共服务情况，调整工资（包括最低工资、工资指导线等）标准，使每一个就业的劳动者只要勤奋工作，就能够在就业地获得比较体面的生活。这样才能保持就业者的稳定，使每一个就业者只要找到一份工作就能够倍感珍惜和勤奋努力。二是各级政府应在这一发展理念下，进一步对企业减负。各级政府不再把 GDP 增长和增加财政收入作为唯一目标，而是把充分就业和提高就业质量作为主要目标。企业应当充分使劳动者获得维持体面生活的收入，为此，政府应把减负的重点落实到降低城市房价、能源物流等企业成本上，以降低流动人员在城镇就业的生活成本；通过税收、财政政策，补贴就业人员多的劳动密集型产业。三是建立居民家庭的收入资产的核查机制，摸清居民家庭的工资性收入、经营性净收入、转移性净收入，以及财产性净收入等情况。同时摸清隐性失业和有劳动能力而不就业者的情况，通过精准的税收措施，调节收入分配制度，真正使广大群众共享经济社会发展成果。

二　深化对就业状态和工资收入的认识，健全要素分配的体制机制

针对就业形态多样性、灵活性的特点，应对就业状态进行重新的认识和界定。课题组认为，应当将"就业"界定为能够获得不低于当地最低工资标准收入，不只将是否签订劳动合同，是否按照计件工资或者计时工资工作作为就业的衡量标准。这样就可以把各种各样新业态人员，如自雇就业、网络平台就业、分时就业、随时就业、多重职业、体验就业等人群纳入就业范围。按照资本、技术、管理等要素参与分配的思路，对于入股投资办企业获得收入，租赁房屋、厂房、土地、设备等获得收入，靠脑子灵活出"点子"获得收入等，只要这些收入达到或高于当地最低工资水平，即可认定为实现就业。

同时，应当进一步明确劳动工资的基本概念，工资不再是雇主对

雇员支付的以货币计算的报酬。应当根据国际劳工组织对工资的定义①及我国对工资性收入的定义②，将工资口径界定为工资具有劳动报酬属性即可，不必考虑支付方式和支付者与被支付者的隶属关系。这样，对个体私营经济的收入就没有必要去区分是劳动报酬还是经营利润，是劳动所得还是资本回报。

三 深化社会保障制度改革，建立适应发展阶段的社会保障制度体系

党的十九大提出，要按照"兜底线、织密网、建机制"的要求，全面建成覆盖全民、城乡统筹、权责清晰、保障适度、可持续的多层次社会保障体系。落实十九大精神，应当把社会保障制度体系改革放置于收入分配和就业的民生大格局下去设计和考虑。

结合我国当前的劳动工资收入分配、就业和社会保障现状，改革完善我国现有的"职工＋居民"的制度体系，建立适应工资收入分配和就业的社会保障制度体系。目前我国的社会保险按照是否就业、是否有工资性收入来设计制度，即职工和居民两个制度板块。就业人员和有工资性收入的人员参加职工制度，没有就业和工资性收入的人员参加居民制度，两大制度分别确定了参保覆盖人群、缴费水平和待遇水平等。从运行实施的效果看，这一制度体系逻辑清晰，但各地实施中普遍存在职工基本养老保险和职工基本医疗保险参保扩面难、缴费基数难以确定、待遇水平参差不齐等问题，这些问题就是十九大提出

---

① 国际劳工组织对工资的定义是："由一位雇主对一位受雇者，为其已完成和将要完成的工作或已提供和将要提供的服务，可以货币结算而由共同协议或国家法律或条例予以确定而凭书面或口头雇佣合同支付的报酬或收入。"见《国际劳工组织公约和建议书》（第一卷），国际劳工组织北京局，1994，第131页。

② 综合我国劳动法等对工资的阐述，课题组将工资定义为：用人单位依据劳动合同约定或者国家有关规定，以货币形式支付给与之建立劳动关系的劳动者的岗位劳动报酬及相关报偿。

的不充分和不平衡问题。尽管各地在参保扩面和缴费基数方面采取了很多行之有效的措施，但养老保险仍然有 1 亿多人未参保[1]，职工社会保险中断缴费、中断参保情况一年比一年严重（2016 年企业职工养老保险中断缴费人数为 5115 万人，占参保人数的 25.4%，是 2011 年的 1.73 倍），参保职工的缴费人数持续下降（2016 年职工基本养老保险参保人员缴费比是 79.7%，比 2011 年下降 5.5 个百分点）。根本原因在于非公单位员工、劳务派遣员工、灵活就业人员、城镇个体户和新业态从业人员参保率很低。因此，笔者提出以下建议。

一是社会保险制度改革应当注意观察分析工资收入分配的变化和就业形势的变化及就业新形态的出现，特别是家庭服务业以及网络创业等就业形态较快发展的现状，根据其就业不稳定、工作岗位和地点不确定、收入弹性大等特点，可以考虑在目前两个制度中间探索过渡性的办法，如专门设计针对上述人群的基本养老保险、失业保险和基本医疗保险制度，将这些就业人群纳入其中，并保持其持续参保。

二是在保持两大制度平台大格局下，除探索建立适应新就业形态的过渡性制度外，应在制度上保持主体的流向是从乡到城、从"居"到"职"。另外，要顾及大多数，任何一项政策都不可能完全适合每个人或者某群人的每一种变动状态，只能从最广大群体的最主要需求出发，对个别和偶发性现象做具体处理；还要明确中央和地方的责任，这个责任不仅仅是财务上的，更是整个制度上的，允许地方在中央确定总体政策和基本原则下，由地方柔性解决形形色色的具体问题，基本要求就是要"兜底线"和实现全覆盖。同时，要建立城乡居民全覆盖的长效机制。当前应着力研究解决取消城乡居民养老和居民

---

[1]　见人力资源和社会保障部社会保险事业管理中心《中国社会保险发展年度报告 2016》。

医保制度设计上的"自愿参保"政策。当初试点城乡居民养老和医保政策，主要是汲取我党长期农村工作经验做出的选择，防止对农民搞强迫命令，把好事办坏。但从社会保险的本质属性看，纯"自愿"参保缴费不利于制度的全覆盖和长期稳定发展以及财务平衡，也不利于培养居民的风险、互济保障意识，反而可能助长逆向选择的道德风险。应建立完善更具引导性的"全民参保登记制度"，使参保成为常态，不参保成为异态，强化从众心理。

三是探索实施职工和居民社会保险的一体化。我国的分配原则已由改革开放初期的"按劳分配为主体，多种分配方式并存"演变为目前的"按劳动、资本、管理和技术等要素分配"。显然，仅仅按照工资性收入划分参保群体，已经难以适应生产方式的变化。将按照工资性收入划分的两大制度体系，改为按照全口径的居民收入（将工资性、财产性、经营性和转移性等收入一并考虑）水平分档分级设计制度。统筹地区人社部门可以根据当地就业情况，确定更为细化的分档参保缴费机制，提供给参保人员用来选择适合自己的参保缴费档次。真正体现社会保险的权利和义务相对应、公平和效率相结合，既使低收入人群和家庭得到兜底的保障，也使高收入人群得到更充分的保障，同时打通了基本保障和补充性保障的通道，推动多层次社会保障体系的健全和完善。

中国城镇非正规就业的发展，一方面增强了劳动力市场的整体活力，促进了就业和经济增长；另一方面也使就业稳定性下降，就业安全性减弱。中国非正规就业的主体主要是两大就业弱势群体：农民工和国有企业下岗职工。国外甚至都没有这两类就业群体。因此，与西方国家的灵活就业不同，我国就业质量比较低的非正规就业比重比较大。这种变化对未来劳动力市场形势、就业以及劳动生产率的潜在影响还有待研究。

四　提高劳动者的劳动报酬

劳动者报酬占整个国民收入的比重下降是导致社会保险筹资不足，待遇水平下降的重要因素。在我国加快经济发展的过程中，重视投资和资本的优先作用，导致出现了"强资本弱劳工"的局面，再加上长期以来我国劳动力供大于求的状况，使得企业的劳动力成本相对较低，劳动者的劳动报酬不合理，劳动者创造的绝大部分利润归于企业（股东）。在劳动者低水平的劳动所得下，并没有建立合理的工资增长机制，工资增长缓慢且具有随意性或者不规范性。劳动者的工资不仅水平较低，而且经常出现拖欠的现象，或者是企业在表面执行国家有关工资规定的情况下，通过无偿加班、增加定额等形式来压低劳动者的工资水平，使普通劳动者的收入难以得到保障，不能实现真正的按劳取酬，扩大了收入分配的不公平。劳动者工资性收入保障机制的缺失，直接影响社会保险全覆盖目标的实现和社会保险筹资能力，进而影响保障水平和保障能力。应当按照十九大的要求，在国民收入增长的前提下，提高居民的收入水平；在劳动生产率提高的前提下，提高劳动者的工资收入水平。这是增强人民福祉，保持社会保险长期可持续发展的基础和保证。

参考文献

［1］《2015 年国土资源主要统计数据分析》，中商情报网，http://www.askci. com/news/chanye/2016/02/27/165153dewm. Shtml，2016 年 2 月 27 日。

［2］巴曙松、游春：《我国小微型企业贷款保证保险相关问题研究》，《经济问题》2015 年第 1 期，第 1－6 页。

［3］蔡昉、张车伟等：《中国收入分配问题研究》，中国社会科学出版社，2016。

［4］陈之楚：　《中国社会养老保障制度研究》，中国金融出版社，2010。

［5］邓沛琦：《养老社会保险费负担公平性问题探析》，《当代经济》2010 年第 1 期。

［6］段美枝：《我国中小企业社会保险缴费现状、问题、对策》，《中国乡镇企业会计》2013 年第 4 期。

［7］付碧莲：《中国企业债命门》，《国际金融报》2014 年 6 月 30 日。

［8］辜胜阻：《巩固实体经济急需缓解小微企业困境》，《第一财经日报》2012 年 12 月 28 日。

［9］辜胜祖、庄琴琴：《缓解实体经济与小微企业融资成本高的对策思考》，《江西财经大学学报》2015 年第 5 期。

［10］国家发展和改革委员会产业经济与技术经济研究所课题组：《降低我国制造业成本的关键点和难点研究》，《经济纵横》2016 年第 4 期。

［11］ 国家工商总局全国小型微型企业发展报告课题组：《全国小型
微型企业发展情况报告》工商总局网站，2014 年 3 月 31 日。

［12］ 国家统计局住户调查办公室编《中国住户调查年鉴（2016）》，
中国统计出版社，2016。

［13］ 黄汉权等：《降低实体经济企业成本的综合性意见》，2015。

［14］ 贾洪波：《基本养老金替代率优化分析》，《中国人口科学》
2005 年第 1 期。

［15］ 景天魁：《论"底线公平"》，《北京日报》2006 年 5 月 29 日，
第 17 版。

［16］ 李凌云：《社保缴费负担，不能承受之重》，《社会》2015 年第
2 期。

［17］ 李秀芳、傅安平：《寿险精算》，中国人民大学出版社，2002，
第 752 页。

［18］ 李珍：《基本养老保险制度分析与评估——基于养老金水平的
视角》，人民出版社，2013，第 96 页。

［19］ 李珍编《社会保障理论》（第三版），中国劳动社会保障出版
社，2013，第 211 页。

［20］ 刘军胜：《中国工资支付保障立法研究》，法律出版社，2014，
第 35 页。

［21］ 刘钧：《社会保险缴费水平的确定：理论与实证分析》，《财经
研究》2004 年第 2 期。

［22］ 刘鑫宏：《企业社会保险缴费水平的实证评估》，《江西财经大
学学报》2009 年第 1 期。

［23］ 吕红桥：《企业负担报告：人力、土地等成本压力大》，央广
网，http://finance.cnr.cn/txcj/20161025/t20161025_523219008.
shtml，2016 年 10 月 25 日。

［24］莫开伟：《社保缴费标准过高有隐忧》，《劳动保障世界》2015年第 3 期。

［25］南志斌：《企业社会保险缴费承受力研究》，《东方企业文化》2012 年第 19 期。

［26］裴长洪、王震、孙婧芳：《中国基本分配制度》，中国社会科学出版社，2016。

［27］邱东等：《养老金替代率水平及其影响的研究》，《财经研究》1999 年第 01 期。

［28］《人力资源和社会保障统计摘要》，2017 年 6 月（人力资源和社会保障部规划财务司编内部资料）。

［29］人力资源和社会保障部社会保险事业管理中心：《2016 年社会保险运行报告》。

［30］人民日报评论员：坚《持稳中求进 加强政策协同——三论贯彻落实中央经济工作会议精神》，《人民日报》2017 年 12 月24 日。

［31］人民银行货币政策司课题组：《贷款利率、不良贷款率和净息差的国际比较》，财新网，http：//economy. caixin. com/2014. 09. 17/100729707_all. Html，2014 年 9 月 17 日。

［32］沙勇：《我国小微企业的融资困境及应对策略》，《江海学刊》2013 第 3 期，第 99－104 页。

［33］孙博：《我国工业企业社会保险负担的区域差异分析——基于超越对数生产函数的实证研究》，《社会保障研究》2010 年第6 期。

［34］孙雅娜、边恕、穆怀中：《行业收入差异的养老保险最优企业缴费率的分析》，《人口与经济》2009 年第 5 期。

［35］孙玉梅、王学力、钱诚等：《重点行业人工成本实证分析及国

际比较》，中国劳动保障出版社，2014。

［36］孙玉梅、王学力、钱诚等：《重点行业人工成本实证分析及国际比较》，中国劳动保障出版社，2014。

［37］谭中和：《精准施策，持续扩大社会保险覆盖面实现应保尽保》，《中国医疗保险》2018年第1期。

［38］王延中、龙玉其：《社会保障与收入分配：问题、经验与完善机制》，《学术研究》2013年第4期。

［39］王增文、邓大松：《基金缺口、缴费比率与财政负担能力：基于对社会保障主体的缴费能力研究》，《中国软科学》2009年第10期。

［40］信长星：《关于就业、收入分配和社会保障制度改革中公平与效率的思考》，《中国人口科学》2008年第1期。

［41］许志涛、丁少群：《各地区不同所有制企业社会保险缴费能力比较研究》，《保险研究》2014年第4期。

［42］严言：《降低制度性交易成本是供给侧结构性改革的核心》，《国际金融报》2015年11月30日。

［43］杨波：《企业社会保险费财务负担的测量——基于上市公司数据的研究》，《江西财经大学学报》2013年第1期。

［44］杨青龙、刘启超：《综合成本上涨对产业升级的影响研究文献综述》，《江淮论坛》2015年第5期，第58－66页。

［45］詹长春、汤飞、梅强：《小微企业社会保险缴费负担研究：以江苏省镇江市为例》，《探索》2013年第6期。

［46］张璐琴：《调整社保缴费平衡劳资利益》，《中国人力资源社会保障》2010年第7期。

［47］张璐琴：《工资水平与社保缴费——有关调整社会保险缴费标准的思考》，《中国经贸导刊》2010年第9期。

［48］赵红：《浅谈如何调整社会保险缴费比例》，《劳动保障世界（理论版）》2010 年第 4 期。

［49］郑功成：《人民要论：正确处理经济发展与改善民生的关系》，《人民日报》2016 年 11 月 1 日

［50］郑功成：《社会保障：调节收入分配的基本制度保障》，《中国党政干部论坛》2010 年第 6 期。

［51］郑功成：《用共享发展理念指导社会保障》，《人民日报》2016 年 2 月 23 日

［52］郑功成：《中国社会保障改革与制度建设研究》，《中国人民大学学报》2003 年第 1 期。

［53］中国人民银行：《2014 年金融统计数据报告》，2015 年 1 月 15 日。

［54］中国人民银行：《2014 年末金融机构人民币贷款余额 81.68 万亿》，《人民日报》2015 年 1 月 23 日。

［55］中国物流与采购联合会中国物流信息中心：《全国重点企业物流统计调查报告》，2015。

［56］朱捷：《浅析健康保险中的道德风险及其控制机制》，《开放导报》2004 年第 4 期。

［57］朱铭来等：《我国医疗保障制度再构建的经济学分析》，《南开经济研究》2006 年第 4 期。

［58］左娅、白天亮等：《企业用工调查》，《人民日报》2016 年 05 月 30 日。

图书在版编目（CIP）数据

　　工资收入分配与社会保险筹资 / 谭中和著. -- 北京：
社会科学文献出版社，2018.4
　　ISBN 978 - 7 - 5201 - 2597 - 0

　　Ⅰ.①工…　　Ⅱ.①谭…　　Ⅲ.①国民收入分配 - 社会保
险 - 研究 - 中国　　Ⅳ.①F840.61

　　中国版本图书馆 CIP 数据核字（2018）第 079005 号

工资收入分配与社会保险筹资

著　　者 / 谭中和

出 版 人 / 谢寿光
项目统筹 / 恽　薇　陈凤玲
责任编辑 / 田　康　王洪洁

出　　版 / 社会科学文献出版社·经济与管理分社（010）59367226
　　　　　　地址：北京市北三环中路甲 29 号院华龙大厦　邮编：100029
　　　　　　网址：www. ssap. com. cn
发　　行 / 市场营销中心（010）59367081　59367018
印　　装 / 三河市龙林印务有限公司

规　　格 / 开　本：787mm × 1092mm　1/16
　　　　　　印　张：12.5　字　数：159 千字
版　　次 / 2018 年 4 月第 1 版　2018 年 4 月第 1 次印刷
书　　号 / ISBN 978 - 7 - 5201 - 2597 - 0
定　　价 / 78.00 元

本书如有印装质量问题，请与读者服务中心（010 - 59367028）联系